Cuba en Sucesión

Criterios y Opiniones de un Refugiado Cubano

2010

Mario A. Riva Morales

ISBN-13: 978-1973982876

ISBN-10: 1973982870

DEDICATORIA

A MARIO JAVIER Y LETICIA

Prefacio

No he venido a Europa por invitación de asociaciones de amistad con el régimen totalitario. He visitado seis países (Portugal, España, Francia, Bélgica, Holanda y Alemania) y en estos, a más de diez ciudades. No he participado en conferencias. Sí en muchas discusiones a nivel de calle. No me he reunido con parlamentarios, ni funcionarios de gobiernos, ni dirigentes gremiales y sí con muchos trabajadores. He dado pocas entrevistas a la prensa radial y escrita.

He encontrado que a pesar del frío hay mucho calor humano y mucha confusión. Me di el gusto de conocer las tribus ibéricas. A inmigrantes de todas partes y a compatriotas que les importa un pito como se pone Héctor. He escuchado nuevamente lenguas afines a la mía y otras que no tanto. Todas suenan a cariño y confusión.

Jamás me han preguntado sobre cubanos que estén presos en cárceles norteamericanas. Ninguno sabe quienes son ni por qué están presos. Ni les interesa. Los interesados son aquellos que cursan invitaciones políticas de "solidaridad". Que proporcionan giras a expensas del sudor de trabajadores engañados.

Este proselitismo es de vital importancia para el mantenimiento de un régimen, explotador de la clase obrera.

Este proselitismo es de vital importancia para el mantenimiento de un régimen, explotador de la clase obrera.

Sábado, 2 de enero de 2010

Los hermanos Castro Ruz: ¿Líderes o dueños?

Nacieron como todos lo hacemos. Sin saber que la vida nos pertenece. A partir de ese momento el destino de ambos fue guiado de forma displicente, en ocasiones. Otras veces con desinterés. Siempre en el anonimato de progenitor.

Pasó el tiempo. Se desarrollaron, amaron. Uno de ellos estudió, el otro continuó amando. Nunca trabajaron. Fueron tomando conciencia, que es lo que impele a la toma de decisiones. Tarea difícil, sobre todo cuando estas involucran los intereses de un grupo de personas.

Les fue difícil aprender a comportarse. Cuando no tumbaban para un lado, lo hacían para el otro. Nunca tuvieron rumbo definido, ni transparente. Si tuvieron la voluntad para llevar sus propias riendas. Voluntad inculcada en el ordeno y mando de un padre astuto, voluntarioso, oportunista y explotador. Con él aprendieron el difícil arte de mandar, de distribuir, de dosificar, de salvaguardar los bienes adquiridos, la mayor de las veces de forma ilícita. Aprendieron a utilizar a la sociedad y a los colectivos laborales en beneficio propio. Fueron forjados en la deslealtad, en la desigualdad, en el desenfreno y la irresponsabilidad.

Dirigir exige decoro. Esa potestad (invocando el supuesto interés de hacer lo que más beneficie a los pueblos) la ejercen para su propia conveniencia, con ánimo de lucro, sin importarles lo que aprietan. Sin importarles la merma de los recursos. Siempre han disparado al centro de la pretendida diana.

Desde sus posiciones de caudillos disponen de lo que no les pertenece en aras de satisfacer su ego y compran favores, silencian opiniones en su contra, aseguran el apoyo incondicional de sus seguidores e intentan cultivar la imagen de desprendidos bonachones que todo lo resuelven. No importan las arbitrariedades. Esas las mandan al basurero de la historia.

Estos personajes sobornan y pagan servicios. Se rodean de una claque carente de valor para enfrentarlos. Que los consienten. Que se aprovechan, mientras los dejen. Que los adulan. Que buscan interpretarles la mirada o esperan a que se pronuncien, para montarse en ese mismo discurso como máquinas repetidoras. No discrepan. No aportan ideas. No crean. Son redundantes servidores.

En los momentos que contaron con mayores recursos, sus actitudes creaban malestar. Hoy, cuando llaman al aprovechamiento de la jornada laboral, al empleo racional, duele mucho las diferencias (que han establecido a través de los años) a favor de unos pocos y en perjuicio de la mayoría.

¡Ocúpate, pero no te preocupes!, me dijeron una vez.

Nadie tiene derecho a erigirse en dueño de un país; pero si los hombres honestos y modestos hemos elegido el camino del silencio, sin proponérnoslo le hemos dado vía libre al escarnio y sus males aparejados.

Domingo, 3 de enero de 2010

Los europeos que apoyan el neo-feudalismo fidelista

Mi estancia en Europa y el conocer a personas de ideas socialistas me ha impresionado negativamente cuando he percibido que, sin conocerlo, profesan admiración por el régimen totalitario neo feudal disfrazado de socialismo.

Debido a mis largos años de experiencia y del conocimiento del proceso anárquico del régimen fidelista.

Debido a las enormes vicisitudes por las que ha pasado el pueblo cubano a lo largo de la aventura egocéntrica de imponer el neo-feudalismo donde quiera que sea, en cuanto continente existe...

Me deja perplejo ese compromiso y ese cariño que demuestran hacia ese régimen que, al contrario de lo que suponen, ha destruido una sociedad para convertirla en algo peor. Siempre invocando al imperialismo como el gran culpable de todos lo males. Nunca reconociendo las incapacidades e insuficiencias propias.

Y es esa posibilidad de que alcancen un mundo peor es la que me compulsa a desenmascarar las fechorías del totalitarismo fidelista ante los socialistas indígenas de Europa. A advertirles que esa no es su causa. Que defender el neo-feudalismo es retroceder dos mil años en la historia. Que el totalitarismo es contrario al derecho de vivir y desarrollarse en paz.

No he venido a Europa por invitación de asociaciones de amistad con el régimen totalitario. He visitado seis países (Portugal, España, Francia, Bélgica, Holanda y Alemania) y en estos, a más de diez ciudades. No he participado en conferencias. Sí en muchas discusiones a nivel de calle. No me he reunido con parlamentarios, ni funcionarios de gobiernos, ni dirigentes gremiales y sí con muchos trabajadores. He dado pocas entrevistas a la prensa radial y escrita.

He encontrado que a pesar del frío hay mucho calor humano y mucha confusión. Me di el gusto de conocer las tribus ibéricas. A inmigrantes de todas partes y a compatriotas que les importa un pito como se pone Héctor. He escuchado nuevamente lenguas afines a la mía y otras que no tanto. Todas suenan a cariño y confusión.

A pesar de que tengo que trabajar para poder vivir, no he dejado de lado mi interés de que se conozca la verdad sobre el sufrimiento del pueblo cubano. Todos, sin excepción, de derechas y de izquierdas, más reaccionarios o menos extremistas, quieren escuchar lo que les puedo aportar al interés común. De que me presten atención, estoy muy agradecido.

Jamás me han preguntado sobre cubanos que estén presos en cárceles norteamericanas. Ninguno sabe quienes son ni por qué están presos. Ni les interesa. Los interesados son aquellos que cursan invitaciones políticas de "solidaridad". Que proporcionan giras a expensas del sudor de trabajadores engañados.

Este proselitismo es de vital importancia para el mantenimiento de un régimen, explotador de la clase obrera.

Lunes, 4 de enero de 2010

¿Adiós a la libreta de Abastecimiento? ¿Sí? ¿No?

Corren las bolas. El fin de la Libreta se aproxima junto a la aparición de una moneda única. "Me lo dijo Adela".

Dicen que la papa y los chícharos están por la libre. Los precios, por la libre, son de anjá. No dicen que hayan sido retirados de la libreta.

La libreta abastecía mensualmente media libra de granos por persona. El chícharo incluido. Media libra de chícharos costaba, por la libreta, 8 centavos de peso nacional. ¿En cuantas veces aumentó, de golpe y porrazo, el precio del chícharo? Por cierto, el chícharo que abastece el desgobierno es de pésima calidad. En Portugal, ese es el chícharo que se vende para alimentar a las palomas.

El desgobierno abastecía 4 libras de papa por persona a un costo de 1 peso con 20 centavos. Ahora, por la libre, 4 libras costarán cuatro pesos.

Dicen, las malas lenguas, que el próximo en ser excluido de la libreta será el arroz.

El desgobierno insiste en que el salario promedio del cubano de a pie, es de 500 pesos moneda nacional. La verdad es muy inferior. Las pensiones promedio de los jubilados son de 200 pesos moneda nacional.

Me pregunto:

¿Por qué el pueblo tiene que pagar por la incapacidad de aquellos que lo desgobiernan?

Hace más de 50 años el pueblo de Cuba era productor de alimentos. Hoy, el desgobierno tiene que comprar los alimentos allende los mares a un precio de 948 millones de dólares.

¿Será que la culpa de tanta incompetencia sea consecuencia del bloquebargo?

El invento macabro de la libreta de abastecimiento (racionamiento no) se ha vuelto contra el régimen y sus subsidios igualitaristas del sistema totalitario neofeudalista.

Con el deterioro de la economía venezolana, el desgobierno de los hermanos Castro está sumido en una crisis que se agrava peligrosamente (para ellos). Pero lo más inquietante es la in-productividad del sistema agropecuario y la carencia cada vez mayor de moneda convertible.

El producto interno bruto alcanzará la cifra de 0,9% según los más pesimistas. Lo que nadie dice es, que estos por-cientos se basan en las estadísticas del peor año de lo que los des-gobernantes cubanos han querido llamar "Período Especial".

Si lo fuésemos a comparar con los mejores años, cuando la economía del régimen se encontraba subsidiada por la URSS, el PIB no alcanzaría el 0,1 %.

Es mejor no hacer comparaciones con los años anteriores al cataclismo castrista.

El sistema de abastecimiento es al desgobierno, lo que el cáncer al organismo humano. La Libreta de Abastecimiento nunca cumplió lo que se pretendía de ella.

Fue la autora material del mercado negro.

Su creación, que de acuerdo a la interpretación del régimen, sería la distribución equitativa entre toda la población era, sin embargo, la solución que encontró Fidel Castro (en 1962) para paliar la inflación provocada por la distribución de trabajos in-productivos, aparejados a una Reforma Agraria totalitarista, neofeudalista.

Resumiendo: mal intencionada.

Desde siempre, el sistema de abastecimiento subsidió tanto a los que, tal vez lo necesitaban, como a los que no. Hubiera sido preferible subsidiar tan solo a los necesitados. Pero eso jamás hubiera solucionado la inflación y de nada hubieran servido la creación de tantos puestos de trabajo in-productivos, que elevaron el poder adquisitivo de un 25% de la población a niveles de clase media, comiéndose las riquezas del 5% de la población rica del país.

El efecto colateral del sistema de abastecimiento es, sin lugar a dudas, la pérdida de incentivo que aparejada, al mismo sistema, provocó la congelación de los salarios. Incluso, la obligación "moral" a la disminución salarial individual de un sin-número de personas.

Lo anteriormente expuesto trae aparejado la necesidad de cubrir las necesidades, a como de lugar. Y el cubano ha encontrado una forma de "ajustar el salario" igualitarista, acudiendo a métodos que en otro tipo de sistema social constituiría un crimen, pero que en el llamado "socialismo" no se ve de esa manera. Al final, como en esta sociedad, los obreros y los campesinos somos los dueños de todo…, lo que nos llevemos de nuestro trabajo, para nuestras casas, es tan mío como tuyo. Eso no es robar.

La falta de incentivo es provocada desde el momento en que es el desgobierno es el que decide entre lo que la persona va a comprar y sobre lo que la misma persona puede o no puede vender.

Es necesario tener en cuenta que la libreta de abastecimientos "garantizaba" doce días de comida en el mes. Otros días de comida, en el mes, se garantizaban en los comedores obreros y las escuelas semi-internas.

Dada la bancarrota por la que atraviesa el desgobierno, lo más sano sería desaparecer la dichosa libreta, pero: la libreta de abastecimiento no tiene la culpa.

No boten el sofá, que luego dormirán en el piso.

No es menos cierto que con su eliminación aumentaría el fondo de subsidio asignado. Pero como el mal no radica en la libreta, no pasará mucho tiempo antes de que el desgobierno no sea capaz de subsidiar a las familias de menores ingresos.

Aunque soy de la opinión de que el fin de la libreta de abastecimiento sería el fin del sistema impuesto por los hermanos Castro Ruz al pueblo de Cuba (Fidel Castro coincide en este aspecto conmigo), creo que no es el momento político apropiado (para el desgobierno). La elevación de los precios de los productos liberados es contraproducente.

Lo pudieron haber realizado en los años 80, amparados por el subsidio soviético y lo intentaron (el equipo de tecnócratas de Raúl Castro (como los llamara en un discurso el "máximo líder") y su JUCEPLAN. Hoy es demasiado tarde.

Hoy por hoy, a Fidel Castro solo le preocupa su imagen internacional. El ya está por encima de esas nimiedades. Su época pasó.

Por desgracia (para el régimen), el "nuevo modelo socialista" no pasa de ser un invento edulcorado para engañar a crédulos, ignorantes o, ambos.

Tal vez funcione en Venezuela, en Bolivia, en Ecuador o en Nicaragua.

En Cuba ya no funcionó y tenemos más de 50 años de experiencia en fracasos económicos de todo tipo. Comenzando por una zafra de 10 millones, pasando por unas vacas de 120 litros de leche, hasta los famosos plátanos micro-jet.

Resumiendo: Es necesario realizar cambios radicales.

Domingo, 10 de enero de 2010

Obama no está obligado a nada.

Ni el capitalismo, ni el imperialismo tienen nada que ver con el cambio climático.

La consigna es la siguiente: "Debemos reducir los gases de efecto invernadero para salvar el planeta", pero existe un acuse de recibo que nos conduce hacia un debate que ha sido revelado y que, aparentemente nos lleva a un argumento donde podemos apreciar un ciclo, muy natural, de cambio climático, que el planeta ha estado experimentando durante millones de años y que existe una causa aparentemente responsable, completamente diferente del MC, para las variaciones del clima global.

El monóxido de carbono es promovido al status del "chico malo" de los gases de efecto invernadero y a la humanidad como el "chico majadero" responsable de echar a perder nuestro planeta.

La ciencia moderna y los medios se han pasado, con la lluvia de acusaciones sobre el calentamiento global.

¿Pudiera parecer tan descabellado y poco probable que el más grande, el más caliente, el más volátil cuerpo de nuestra Galaxia pueda, de facto, estar influyendo más o menos en la temperatura del planeta en que vivimos?

Parece plausible. ¿No es cierto?

De hecho, el MC es el 0,03% de nuestra atmósfera y de ese por-ciento, la humanidad es culpable de proveer el 3%. Exactamente, 3 por ciento de 0,03%.

No quiere decir que la industria no tenga efectos catastróficos sobre el medio ambiente, por medio de contaminantes, PERO echarle la culpa sobre el efecto invernadero y por tanto a la humanidad por el calentamiento global, pudiera ser falso.

Los pocos que se benefician con estas tácticas de miedo están desviando recursos de los verdaderos problemas medioambientales y de las necesidades humanas como la pobreza, la reducción de contaminantes y el desarrollo de las poblaciones del tercer mundo. Los otros que se benefician son los neo feudalistas (totalitaristas), que de todo, les echan las culpas a los países democráticos desarrollados.

Tal vez lo mío sea paranoia, pero cada vez escucho (últimamente leo) a Fidel Castro, pronunciarse sobre cualquier aspecto, me resulta todo lo contrario de lo que dice. Si apoyaba la elección de Obama, era porque quería que saliera su oponente. Si se pronuncia contra el embargo es porque precisa que éste se mantenga. Y así con todo. Si dice que el premio Nobel a Obama fue positivo, resulta ser todo lo contrario.

No es que Fidel Castro no tenga vergüenza. Es que es un sinvergüenza, que no se oculta para decir, en un papel de neo-inquisidor (que nadie le ha otorgado), que observa "cuidadosamente" al presidente negro. Dice que no lo prejuzga, mientras hace todo lo contrario.

Mientras señala que es obsesivo, en su trabajo, ahora lo tilda de mentiroso y lo compara con G. Bush.

Para nadie es secreto, que para combatir a las tropas soviéticas en Afganistán, Bin Laden haya sido reclutado y entrenado por la CIA o que sea Saudí de nacimiento y proveniente de una de las familias más ricas de Arabia.

Tampoco es errado proclamar que la guerra no es el camino para luchar contra un terrorismo exportado y sustentado por el petróleo.

Obama no originó la guerra con Afganistán y mucho menos la de Irak, pero tiene y asume la herencia de los Bush. A su favor tiene, las intenciones de resolver el caos creado, no solo a los Estados Unidos, sino al resto del mundo desarrollado y que influye, sin lugar a dudas, en los países en vías de desarrollo.

Fidel Castro se pregunta:

¿Por qué Obama aceptó el Premio Nobel de la Paz cuando ya tenía decidido llevar la guerra en Afganistán hasta las últimas consecuencias?

¿Cuál sería la variante de Fidel Castro, para rechazar el premio?

¿Por qué Fidel Castro ofende sin ton ni son?

Otra vez, el Fidel Castro catastrofista, se atreve a decir lo que no se debe hacer, pero no dice cual es la forma correcta de hacerlo. El Nostradamus tropical predijo un discurso teatral en Oslo.

Ya quisieran Fidel Castro y sus acólitos que el mundo se les estuviera yendo de las manos a los países desarrollados. Eso es precisamente lo que a él le encantaría que sucediera y de esa forma sumir al mundo en el oscurantismo feudal totalitario.

Obama no es el fanático religioso, alcoholizado y cowboy trasnochado de Bush, aunque (Bush) no sea del todo responsable del rechazo a la firma del protocolo de Kyoto. Gore, por su parte, es un resentido del sistema que le robó las elecciones presidenciales y que sabe perfectamente que el peligro del cambio climático es tan relativo como lo fue su candidatura.

Es indiscutible que la lucha contra el calentamiento global solo la pueden asumir los países desarrollados, siempre vigilando y fiscalizando las inversiones en los países en vías de desarrollo.

Los países en desarrollo se nutren de las inversiones de los países desarrollados. Estas inversiones son llamadas por los neo feudalistas, explotación capitalista, "el peso de la carga sobre la especie humana".

Lunes, 11 de enero de 2010

<u>Los hermanos Castro Ruz y la Cumbre Climática</u>

Desde el inicio mismo de la intervención, el representante del régimen de los hermanos Castro Ruz expresó el apoyo incondicional a las palabras de Chávez y Morales. Lo que quiere decir que no tiene nada que agregar en relación al cambio climático, ni a sus causas y mucho menos, a sus posibles soluciones.

El segundo párrafo del discurso fue un poco más de lo mismo. Quejas y preocupaciones. Soluciones: ninguna.

En el tercer párrafo cita palabras catastrofistas del "máximo líder" en una conferencia en 1992: **"La especie humana se encuentra en riesgo de desaparecer"**. Culpando al mundo desarrollado de la "atroz" destrucción del medio ambiente.

Talmente parece que lo que el desgobierno de los hermanos Castro y sus secuaces destruyen no viene al caso. Da por hecho que los países desarrollados impiden el desarrollo de los países del tercer mundo. Y plantea que la única forma que existe para salvar a la humanidad es distribuir mejor las riquezas y las tecnologías disponibles. No dice como llevarlo a efecto. Solo plantea que cese el lujo y el despilfarro, pero no aplica el planteamiento para su desgobierno.

Si el régimen totalitario de los hermanos Castro Ruz no se hubiese dedicado, durante 50 años, a despilfarrar las riquezas del pueblo cubano. Si la crápula dirigente, en lugar de gozar de lujos y privilegios, hubiera dedicado esos años a mejorar la economía cubana, hoy el pueblo cubano sería menos miserable.

Esa sigue siendo hoy la esencia de lo que ocurre en Cuba.

Como cotorra amaestrada, un señor alto, grueso y de piel color muy negro, repite lo de la temperatura global, la disminución de los hielos, la elevación del nivel del mar (aun no comprobado), la frecuencia e intensidad de los huracanes (contradice las estadísticas del propio Instituto de Meteorología de Cuba), la alteración del régimen de lluvias (tampoco comprobado). Predice, haciéndose eco del Nostradamus tropical, el riesgo que corren algunos pequeños países de desaparecer bajo las aguas. Da como irreversibles "algunos efectos", pero no dice cuales. Insta, a los países en vías de desarrollo, a implementar (con urgencia) acciones que les permitan adaptarse al cambio climático, por supuesto, con la ayuda financiera de los países desarrollados. De inicio, culpa a los países desarrollados, para luego pedirles ayuda.

¡Limosnas con escopetas!

O sea, llama a los países desarrollados, egoístas e interesados, a los cuales solo les interesa preservar un orden económico injusto y desigual.

¿Alguien me puede decir como (después de leer lo anterior) se puede pedir, utilizando semejante vocabulario, ayuda financiera?

Efectivamente, las generaciones presentes (lo de las generaciones futuras está aun por ver) reclaman un orden económico nuevo, pues consideran que el actual es injusto. La pregunta que se impone es:

¿Cuál es el orden económico justo?

¿El del neo-feudalismo totalitarista?

Dice el funcionario del régimen que el 76% de las emisiones acumuladas en la atmósfera (no dice cuales) son responsabilidad de los países desarrollados a los cuales tilda de derrochadores.

No dice que, de hecho, el monóxido de carbono es el 0,03% de nuestra atmósfera y de ese por ciento, la humanidad (los países desarrollados) son los culpables de proveer el 3%. Exactamente, el 3 por ciento de 0,03%. Saque cuentas y llegue usted a sus propias conclusiones.

En el octavo párrafo, arremete contra los Estados Unidos, culpándoles de ser los responsables de una cuarta parte de las emisiones humanas a la atmósfera y de mantener a la humanidad como rehén de su política doméstica.

Ya en el noveno párrafo de su intervención, la catástrofe es total. No vale la pena insistir. Los países desarrollados, con los E.U. a la cabeza continuarán siendo el obstáculo. Son, una opción, política y ética, inaceptables.

Los neofeudalistas totalitarios aspiran a unos acuerdos donde los países desarrollados asuman el liderazgo y los países en vías de desarrollo sean los directores del programa. Vamos, una locura total.

No comparto la idea de que el actual orden económico sea el responsable de la pobreza de 2, 500 millones de seres humanos, o de los 1100 millones que se encuentran sin acceso a agua potable, ni a los 2, 600 millones sin servicios de saneamiento, ni de los 800 millones de analfabetos, o los mil millones de hambrientos.

Si nunca hubiera existido "ese" orden económico actual (con todas las desigualdades incluidas) serían mucho menos los miles de millones que citan los neofeudalistas. Se hubieran muerto, hacía ya mucho tiempo y otros no hubieran llegado a nacer.

Un acuerdo, para combatir el supuesto cambio climático tiene que ser parejo para todo el mundo. No puede excluir a los países en vías de desarrollo. De esa forma no estaríamos resolviendo absolutamente nada.

De lo que debía tratarse es, de impedir que los países desarrollados que realicen inversiones en países tercermundistas, lo hagan siguiendo los patrones actuales, relativo a las emisiones. Los recursos existen mucho más allá de lo que se invierte en armamentos.

Lo de las colosales sumas de dinero para salvar empresas y bancos son harina de otro costal, de lo que, el representante de los Castro, no tiene ni la menor idea. En realidad no tiene ninguna.

El funcionario, por último y como para dejar claro que el discurso no es de su autoría, cita nuevamente a Fidel

Castro: "Cesen los egoísmos, los hegemonismos, los engaños, la insensibilidad, la irresponsabilidad".

Apliquense el cuento señores neo-feudalistas totalitaristas. La historia ya les saldará las cuentas.

Domingo, 17 de enero de 2010

Fidel Castro y el Estado Totalitario Neofeudalista

Desde el punto de vista político, la palabra Estado significa: Conjunto de los órganos de gobierno de un país soberano.

Cuando llamamos "supra-estamento" al Estado, estamos

queriendo decir que es el conjunto de órganos de gobierno, que se encuentran por encima de una sociedad, definida por un común estilo de vida.

El pragmatismo participativo de la naciente burguesía, llevó al monarca Luis XIV de Francia a proferir una frase que perdurará en la historia de la humanidad: "El Estado soy yo".

El Estado burgués, resultante de la Revolución francesa de 1789, ha sido el modelo inicial de donde parten todos los sistemas democráticos actuales.

Lo sucedido en la atrasada (si la comparamos con los países desarrollados de la época) Rusia de principios del Siglo XX, solo ha significado un retroceso en el desarrollo de la humanidad.

Se trató, del intento (de unos seudo-intelectuales idealistas, surgidos del seno de la incipiente burguesía rusa), de aplicar en la práctica las teorías de un filósofo (que jamás en su vida trabajó como obrero) en un conjunto de países. Estos países fueron obligados por la fuerza de las armas rusas, a integrarse en una Unión que jamás existió.

Estos «intelectuales», hijos de la incipiente burguesía rusa, proclamaron a los cuatro vientos que ellos eran los representantes del proletariado y, en nombre de una clase social prácticamente inexistente en Rusia (proletariado) subyugaron a los agricultores, de estamento feudal, para convertirlos (de la noche a la mañana) en obreros agrícolas.

Más se parece un siervo de un sistema feudal a un obrero agrícola socialista, que a un agricultor.

El siervo trabajaba para el Señor Feudal que, muy "generosamente", le dejaba algunas migajas para vivir.

El obrero agrícola socialista trabaja para una casta de funcionarios y recibe un salario mensual, por ocho horas de trabajo diario, que muchas veces no le alcanza para cubrir sus necesidades.

El agricultor trabaja para sí mismo. No tiene horario definido. Se parece más a un padre de familia, pues de su esmero depende la cosecha. Desde escoger la semilla a utilizar, hasta conocer las plagas potenciales y el momento exacto de combatirlas. El agricultor puede contratar mano de obra (obreros agrícolas), pero estos jamás se preocuparan por la salud de la siembra. Solo buscarán el producto (dinero) de su trabajo.

Obreros, es lo que quieren pasarnos, en nuestros días, como sepultureros del estado burgués. Nada más falso.

De lo que sucedió después; lo de la implantación de un Estado neo-feudalista, de partido único, totalitario y sus consecuencias en la economía, solo nos dicen que: **"No se puede descansar en el comodín de que la estatización de la economía supone tácitamente la victoria"**.

¿Cuál victoria?

Está más que probado que la propiedad social es ineficiente ante el sistema de mercado.

Es falso que la revolución cubana de finales de la década de los años cincuenta del pasado siglo, haya tenido que ver con la llamada "revolución socialista de octubre" y mucho más falso que haya tenido que ver con la implantación de regímenes totalitarios en la Europa oriental.

Sin embargo, la implantación del régimen totalitario neofeudalista en Cuba ha sido una copia fiel del original soviético y no una praxis autógena como algunos quieren presentarlo.

El régimen de los hermanos Castro Ruz llegó al neo-feudalismo totalitario por la fuerza.

El Estado creado a imagen y semejanza del soviético ha sido el garante de la injusticia social, de que los tres poderes del estado sean uno solo y que el desorden se haya impuesto en la sociedad civil, enclaustrada en la desesperanza del porvenir.

Un régimen que ha andado 50 años a rienda suelta, desgobernando y destruyendo un país, a costa de subsidios foráneos.

Es por eso que el desgobierno de los hermanos Castro Ruz están revisando el diseño socio económico, no en un intento de gobernabilidad o sustentación de la vida cotidiana, sino para prolongar en el tiempo un sistema ineficiente e improductivo.

Es sintomático que los actuales dirigentes (los mismos de hace 50 años) culpen al pueblo del caos en que ha sumido al país.

Resulta que ahora, los des-gobernantes se visten de benefactores y paternalistas, cuando son los mismos que han desprotegido y oprimido a las masas populares.

Por otra parte, se asombran de que en materia de deberes, disciplina y sentido de pertenencia, el pueblo se muestre incrédulo. Ese mismo pueblo, educado en el igualitarismo absurdo y ridículo. Algo así como:

Si el Estado somos todos, entonces nada es de nadie y todo es de todos. ¡Es como para volverse locos!

Las supuestas autoridades pretenden fortalecer el papel de un régimen corroído por fenómenos perniciosos importados que se han incubado en la práctica socio-económica como un virus de la ineficiencia económica adquirido (VIEA), que aunque lo miren profundamente y con aparente inteligencia, no serán capaces de neutralizarlos por decretos. Nunca irán a la raíz, pues esas supuestas desviaciones y descontroles responden a la ineptitud de des-gobernantes.

Preferirán andarse por las ramas, antes de enfrentar los problemas por ellos creados.

El régimen totalitario jamás ha sido generoso y es el culpable de todo lo sucedido a partir del empeño de crear un sistema neo-feudal.

Imposible no es la palabra para definir los palos de ciegos que supuestamente intenta el régimen de oprobio.

Nunca van a descentralizar la economía.

Las políticas fiscales que aplicarán tendrán que ver más con las de los regimenes feudales que con las de un sistema de mercado.

El régimen no tiene voluntad de cambio, sino de permanencia en el poder. La iniciativa individual y cooperativa se verán sofocadas por las regulaciones totalitarias.

La "urgencia" de vincular la participación descentralizada de los ciudadanos, solo se verá en papel de periódico. No existe un socialismo renovado. En todo caso un neo-feudalismo revisado que restrinja (veladamente) el protagonismo popular y un llamado "centralismo democrático" solo de arriba hacia abajo, con visos de horizontalidad restringida.

Un neo-feudalismo que fomente, en cada ciudadano, la idea de que "la revolución son los hermanos Castro Ruz".

Lunes, 18 de enero de 2010

Alianza Bolivariana ALBA

La fragua del Neofeudalismo

Las intervenciones de los aspirantes a neo-feudalistas totalitarios, constituidos en la llamada Alianza Bolivariana para los pueblos de nuestra América (ALBA), reunidos en la cumbre borrascosa de La Habana, trataron de demostrar una fuerza que no tienen.

La ronda de los oradores comenzó por Winston Baldwin Spencer, primer ministro de unas islas pequeñitas llamadas Antigua y Barbudas. Como era de esperar calificó, de forma oportunista, lo importante que es, la referida reunión, para "combatir" la recesión económica global. Señaló los beneficios recibidos, como cientos de becas que reducen el costo de los servicios públicos y los subsidios alimentarios para personas con algún grado de discapacidad.

Lo que ha dejado en claro el Sr. Baldwin es que los gastos en que debía incurrir su gobierno, lo está asumiendo un gobierno extranjero, al cual no le quedará más remedio que rendir pleitesía en venideros foros internacionales. Lo peor de todo es, que ninguno de estos supuestos beneficios aumenta el producto interno bruto de su pequeñísimo y empobrecido pueblo. Además, de no tener nada que ver con la crisis financiera internacional.

Le sucedió en la tribuna Evo Morales, presidente de lo que se ha querido llamar «Estado Plurinacional de Bolivia». Su discurso fue meramente político.

Que si la defensa de la soberanía por aquí, que si la voracidad imperial por allá, que si una invasión por acullá.

Hizo una advertencia: "Así como Bolívar defendió otros pueblos, todos los países latinoamericanos defenderemos la dignidad de cualquiera de nuestras naciones".

¿Quién le dio potestad al boliviano para hablar en nombre de todas las naciones latinoamericanas y caribeñas?

Tildó a los gobernantes norteamericanos de paternalistas y verticalistas, en sus relaciones con los pueblos de la América Latina y, al parecer, embullado por su triunfo electoral volvió a plantear la convocación de un referendo de los pueblos de la región, sobre la presencia de las bases militares norteamericanas. Me imagino que se estuviera refiriendo a la Base Naval de Guantánamo.

Como gran adulador, dijo que el régimen de los hermanos Castro Ruz, es un semillero de revolucionarios, cuando en realidad se trata del estercolero del sistema del fracaso económico y verdadero semillero de terroristas. En el sumun de la guataquería llamó a Fidel Castro "hermano mayor" y "hombre sabio". No dejó de incluir en el discurso una alusión al eje del mal, llamándolo "eje de la humanidad". ¿Eje de que humanidad?

En nombre de la mancomunidad de Dominica, otra islita pequeñita, intervino Philbert Aaron, el mismo que ha sido designado coordinador nacional del ALBA en ese paisito caribeño. Saludó a los allí presentes en nombre de Roosvelt Skerrit y dijo que la "Alianza" representa una oportunidad para recuperar una unidad que jamás ha existido entre la América Latina y el Caribe.

Patricia Rodas Vaca (la «uve» es a propósito) ex canciller de Honduras dijo llevar un abrazo del cobarde ex presidente. El del sombrero alón y cara de energúmeno. Se refirió a las prebendas obtenidas por su ex gobierno, de parte del presidente, cada vez más autócrata de Venezuela y a la crisis generada por el ex presidente en su intento de violar la constitución hondureña. Por supuesto, le echó la culpa, de la defenestración, al imperialismo y a la oligarquía hondureña, de la cual ella forma parte, al igual que el ex presidente. Reconoció que las elecciones democráticas que pusieron fin al teatro orquestado en la embajada brasileña de Tegucigalpa ha sido un duro golpe contra el neo-feudalismo. Se «comprometió», ante el Comandante en Jefe, a enmendar ese descalabro.

Para el canciller ecuatoriano Fander Falconi (en representación de su presidente, no presente en la reunión como castigo a la restitución de las relaciones diplomáticas del Ecuador con su vecino colombiano), se refirió a un desarrollo sostenible, situando como ejemplo que Ecuador dejará de explotar un campo petrolero, a cambio de una compensación internacional, como una forma de proteger el parque nacional Yasuní. No dijo quién o quienes realizaran la compensación.

El primer ministro de San Vicente y las Granadinas

(islitas enanas del arco de las antillas menores tocó un punto, que si yo no fuera tan mal pensado, diría que le fue asignado como tarea. La "deuda" de las potencias coloniales con las masas africanas compradas en dicho continente a los caciques o jefes tribales.

No dijo que esas masas ya eran esclavas antes de ser compradas, aunque no es menos cierto que dichas potencias diezmaron la población autóctona (caribes), raza fiera a la cuál los propios Taínos (pobladores de las islas grandes del Caribe) y hasta los mismos colonizadores tenían pánico de enfrentar.

Aduló, como era de esperar al régimen de Fidel Castro, catalogándolo como víctima del aberrante embargo económico de 50 años, que mantiene el gobierno de los Estados Unidos contra su régimen de oprobio y, como aquel que no quiere la cosa se refirió de soslayo al encono "imperial contra otros países del ALBA.

Daniel Ortega Saavedra, de Nicaragua, se refirió a los intentos del gobierno de los Estados Unidos para destruir los procesos neo-feudalistas representados por el ALBA. Para ello invocó las invasiones contra Granada (otro intento fallido de neo-feudalismo) y Panamá (nido de lavadores de dinero proveniente de la droga y traficantes internacionales de estupefacientes). Se refirió a la guerra de los "contrarios" a la implantación del totalitarismo en su país y al "genocidio" contra las poblaciones del Afganistán talibán y a la absurda guerra contra el totalitarismo iraquí.

Aduló también al régimen de los hermanos Castro Ruz haciéndose eco de la propaganda inmunda sobre el caso de los cinco falsificadores auspiciados por el desgobierno del sistema totalitario impuesto al pueblo de Cuba y presos en cárceles norteamericanas al ser descubiertos in-fraganti. Los comparó con terroristas de la calaña de Luis Posada Carriles. Aseveró que "el terrorismo está en el norte y no en el sur".

Hugo Chávez Frías dijo estar convencido (al parecer no tanto cuando tiene que afirmarlo) que aunque los Estados Unidos desplieguen "mil" bases militares no podrá hacer retroceder el neo-feudalismo en la América Latina.

Planteó que debían continuar "consolidando el ALBA para lo cual era necesario un plan de acción que cubra los próximos cinco años. Lo más seguro es que se la haya ocurrido a última hora.

Llegó a decir que la victoria del neo-feudalismo es el "futuro de la humanidad".

Soberano disparate.

Domingo, 24 de enero de 2010

<u>Lo conveniente de utilizar la teoría del "cambio climático" en la cumbre de Copenhage</u>

La Cumbre de Copenhague no pudo ser más ridícula. Si los gastos en que incurrieron las 40 mil personas que participaron, se hubieran invertido en regalos de navidad, posiblemente cada uno de los pobres del mundo hubiera recibido algo. Y no exagero. Saquen cuentas.

Lo insoportablemente injusto, es que presidentes electos democráticamente hayan dedicado su tiempo a sabotear sin una sola propuesta, que no sea el neo-feudalismo absurdo y ridículo.

Evo Morales, sin una pizca de vergüenza, dijo que si el texto no era de su agrado lo bloquearía. Se apoyó en la dudosa teoría del "cambio climático" para auto-proclamarse defensor los "derechos de la madre tierra". Inventó un nuevo término: "Deuda climática" y culpó a los países ricos, que según sus palabras son los causantes de un espacio atmosférico "arrebatado" a los países pobres. Arrebatado, pero de la cabeza, está el indígena.

La cifra de 10 mil millones será ridícula para el Sr.

Morales. Es más de lo que se merece una parte de los dirigentes del mundo subdesarrollado, que sueñan con regímenes neo-feudales totalitarios, como forma de gobernar a sus pueblos.

El aprendiz de dictador totalitario, Sr. Hugo Chávez, fue opaco y aplaudido por aquellos que se benefician de sus regalos energéticos. El hijo político predilecto de Fidel Castro no quiere reconocer que existen unos países que son superiores (económicamente hablando) y no precisamente por ser poseedores de recursos energéticos dedicados a comprar aplausos. Usted Sr. Chávez, no engaña a nadie. Viendo como se desarrolla su régimen, podemos decir que estamos ante una de las peores dictaduras de la humanidad. El nuevo feudalismo autocrático, mal llamado "socialismo del siglo XXI".

Nadie puede cambiar el clima. Eso es un disparate.

¿Cambiar el sistema?

Eso sería un suicidio que conduciría a las generaciones futuras a otros veinte siglos de oscurantismo.

Ni los ricos están destruyendo el planeta ni se puede afirmar tan categóricamente que el problema ambiental es lo más devastador de éste siglo.

Esas son profecías del Nostradamus tropical.

Nadie les está pidiendo a los países en vías de desarrollo una paridad con los desarrollados. Cuando se dice de porcentajes, es parejo para todo el mundo.

Sr. Chávez, si usted no estudió matemática. ¿Por qué no se calla?

Voy a repetir por enésima vez:

La cantidad de monóxido de carbono en la tierra constituye el 0.003% de la atmósfera. Toda la industria global emite el 3% de ese 0.003%.

Es insostenible la afirmación, de los ambientalistas, de las que se hacen eco (los neo-feudalistas por conveniencia). Mientras existan férreas dictaduras, ya sean de derecha o neo-feudalistas, la brecha entre países ricos y pobres crecerá.

Mientras viva el Nostradamus tropical, el armagedón llamará a nuestras puertas.

Lunes, 25 de enero de 2010

<u>Respondiendo a Santiago Carrillo</u>

El "comunista" Carrillo se pregunta:

¿De quién es la guerra de Afganistán?

Son muchas las preguntas que se hace. ¿Qué sabrá Carrillo de guerra o de política? Como combatiente fue un desastre. Como político fue aun peor.

Es tan ridículo que una persona que pertenecía a un gobierno, que es su día recibiera el apoyo de una potencia extranjera, que luego se convirtió en emigrante.

Que solo después de la muerte de Franco, regresara a su país, negociando (por un plato de lentejas) un puesto en la política española de la transición, se atreva a criticar a otro político en parecidas circunstancias.

Lo diferente es que Karzai, al menos, es cabeza de ratón, mientras que Carrillo nunca ha pasado de ser cola de león.

Si de corrupción se trata, tan o más corrupto es aquel que traiciona la memoria de los caídos en combate defendiendo la república.

¿Dónde está el patriotismo de Carrillo?

¿De que vive Carrillo?

No es menos cierto que los E.U. crearon el monstruo talibán-Al Qaeda. También es cierto que una vez terminado el conflicto anti-Unión Soviética, se volvieron contra sus creadores.

Por tanto si los gobernantes de Estados Unidos crearon el monstruo y ahora crean en anti-monstruo, dejémosle actuar y ver en que para todo.

Obama no ha sido obligado a nada Sr. Carrillo. En todo caso ha heredado la guerra.

Errada, tal vez, pero de lo que se trata es de salir de la misma con dignidad.

¿Qué Obama hace el esfuerzo por implicar a los países europeos? Efectivamente. Todo lo contrario de lo que hacía el Sr. Bush.

Los viejos "comunistas" se parecen hasta en las profecías catastrofistas. Si les salen bien, se anotan un tanto. Si no les salen, nadie se entera.

Sr. Carrillo, la acción y la reacción de los extremistas del Islam ya es inmensa y es la causante de la crisis

financiera del mundo occidental, gracias a la ayuda del incapaz del presidente Bush y la ceguera política y económica de los dirigentes (a todos los cargos y niveles) de los países desarrollados.

Por lo políticamente incorrecto. Por aparentar ser de "centro" cuando hasta los que dicen ser de izquierdas son de derechas. Por temor al que dirán. Por no llamar las cosas por su nombre. Por no enfrentar los hechos directamente: **la crisis del mundo desarrollado es tanto económica como política.**

A Obama le importa un pito el apoyo de la izquierda americana, hasta que esa izquierda encuentre un candidato mejor para la Casa Blanca. El odio, de la derecha, hacia el primer presidente negro se mantendrá estancado gracias a las meteduras de pata del George W.

Los únicos que pudieran haberse hecho ilusiones, serían los neo-feudalistas disfrazados de comunistas y los propios extremistas islámicos que hayan pensado en un presidente flojito, que les permitiera salirse con las suyas.

Sr. Carrillo: Recuérdeme, por favor, en que momento Obama dijo "golpe de timón". ¿Es acaso de su autoría? ¿Qué es, para usted, la "voluntad popular"? ¿Desde cuando se ha cumplido la voluntad popular?

Vamos, que si el tema no fuese tan serio, su comentario sería para desternillarse de la risa. Sr. Carrillo, usted no es militar para estar profiriendo opiniones sobre estrategias de ningún tipo. ¿A que usted se refiere? ¿Cómo es que se conducen las guerras? ¿Cómo condujeron la guerra civil los rojos?

Insisto: Si a usted le están pagando para realizar comentarios como éste... Créame: Alguien le quiere bien en los medios.

Puesto que Europa está al borde del abismo musulmán, sea extremista o no y..., por el bien de todos, esperemos que la nueva estrategia salga bien.

Domingo, 31 de enero de 2010,

Tergiversando la verdad de Copenhage

Existen personas en este mundo que aspiran a esclavizar pueblos. Hoy esas mismas personas enarbolan las banderas del cambio climático y profetizan que la humanidad no sobrevivirá, a no ser que adopten las doctrinas del neo-feudalismo.

Utilizan frases dramáticas y aceptan teorías de poco fundamento como verdades absolutas y se regocijan ante las actividades vandálicas, protagonizadas por turbas enajenadas (espacialmente algunos jóvenes ignorantes), en la cumbre de Copenhague, catalogándolas de "gran lección.

Necesitan a toda costa y a todo costo hacerle propaganda al vandalismo. Para esto se apoyan en los reportajes de cadenas televisivas…, en busca de mercado.

Valiéndose de estos medios masivos es que pretenden dar a entender, "al mundo", que en la capital danesa lo que ocurrió fue un caos político. Dicen también que trataron de forma humillante a jefes de Estado y de gobierno, a ministros y a representantes de algunos "movimientos sociales" o "instituciones", sin aclarar que muchas de estas últimas viajaron a Copenhague sin estar invitadas.

Dicen que las manifestaciones eran pacíficas, sin aclarar que intentaban forzar la entrada a las instalaciones de la cumbre y lamentan la represión ejercida contra los asaltantes.

Lo que verdaderamente les ha molestado es el hecho de que el 18 de diciembre del 2009 (último día de la cumbre), luego de vanos intentos por conciliar un acuerdo global y solo debido a la intransigencia de gobiernos de países tercer mundistas, que solo aspiran a que el maná caiga del cielo, el gobierno danés suspendió las actividades y decidió reunir a 16 mandatarios para que expresaran sus argumentos.

Al decir de Fidel Castro, el presidente Obama pronunció un discurso engañoso y demagogo, lleno de ambigüedades, sin compromiso alguno y continuaba ignorando el convenio de Kyoto.

A Fidel Castro, no sin trabajo, le cuesta reconocer que en ese grupo de los 16, además de los dirigentes de los países más industrializados, se encontraban varios, de economías emergentes y algunos de los más pobres del planeta.

Entre los 16 se encontraba, el indígena presidente, Evo Morales, quién hizo uso y abuso de la palabra. Otro tanto realizó el aspirante a neofeudalista Hugo Chávez Frías. Ambos discursos pasarán al basurero de la historia como ejemplo de pronunciamientos inoportunos y vacíos de contenido. No les quedó otra alternativa que marcharse de la cumbre, como los perros, con el rabo entre las patas.

Dada la imposibilidad de negociar un acuerdo inteligente y serio con los líderes y representantes de los 170 países acreditados, el primer ministro dinamarqués y los representantes de los Estados Unidos de Yanquilandia se reunieron con los líderes de los 27 países de la Unión

Europea para presentar un proyecto de acuerdo.

Era una iniciativa. Una iniciativa catalogada por Fidel Castro, (el totalitario, el violador de los derechos humanos, el dictador) como anti-democrática y clandestina, porque "ignoraba" a los demás invitados a la cumbre con los que había sido imposible razonar un acuerdo.

No había nada que hacer, más que marcharse de Copenhague y así lo hicieron (los mandatarios), dejando en su lugar a sus representantes.

Dice Fidel Castro que el día 19 ocurrió algo insólito. Cuando no se le ocurre a él, todo es insólito: El primer ministro danés convocó a la clausura de la Cumbre.

Nuevamente se escucharon protestas de un reducido grupo de representantes de países tercermundistas (muchos de los cuales se habían negado a ratificar ninguno de los acuerdos discutidos con antelación). Ahora pretendían impugnar el acuerdo de los países desarrollados, que en definitiva tienen la responsabilidad y la posibilidad de evitar catástrofes ambientales (los otros solo bla, bla bla), como un consenso de la Cumbre.

La representante del aspirante a dictador totalitario de Venezuela, Claudia Salerno, dramáticamente mostró su mano ensangrentada (se había cortado con el filo de una hoja de papel A4) y en un tono de voz, seguramente ensayado, volvió a utilizar palabras huecas y sin sentido económico alguno.

Parecía como que la Cumbre de Copenhague tratase de reivindicaciones de las clases oprimidas y no de "salvar" al planeta del "calentamiento global".

El representante de Fidel Castro no se quedó atrás, para decir palabras estrafalarias pretendiendo sabotear la reunión; que si el documento no existía, que si versiones circulaban de manera subrepticia, que si patatín, que si patatán, para terminar lamentándose de que la conferencia no hubiera estado conducida por un dirigente totalitario.

Advirtió que Fidel Castro considera "extremadamente" insuficiente e inadmisible el texto del proyecto y lo tilda de "apócrifo", porque la meta de 2 grados centígrados es a su entender (ni el mismo entiende de que va el texto) inaceptable y nuevamente el Nostradamus Tropical vaticina consecuencias catastróficas e incalculables.

Da por sentado que existe un criterio científico (refiriéndose al organismo de la ONU, que es más político que científico) universalmente reconocido (no se sabe por quién o por quienes).

Fidel Castro considera urgente la reducción de las emisiones en un 45% y para el 2050 inferiores a 90%. Le tiene sin cuidado que: si los países industrializados cumplieran al pie de la letra tamaño disparate, los que más sufrirían las consecuencias serían precisamente los pueblos oprimidos por dictaduras totalitarias.

Por último, Fidel Castro se regocija por el éxito obtenido en el sabotaje de la Cumbre de Copenhague y demuestra una vez más que le importa un pito el calentamiento global y el cambio climático.

Nadie mejor que él, sabe que son puro cuento.

A todos, menos a él, nos interesa el futuro

Lunes, 8 de febrero de 2010

<u>Fidel Castro 50 años después</u>

Acuden a mi mente los años de edad en los cuales no podía imaginar que transcurrido medio siglo, mi país fuese, a ser, tan miserable.

Luego de la vergonzosa huída del dictador Fulgencio Batista, se había instaurado el caos en la Ciudad de La Habana. Asaltos a tiendas, la destrucción, el robo de parquímetros y las venganzas por cuenta propia, eran el orden del día. Luego vendrían los fusilamientos, organizados al por mayor.

Son relativamente pocos los que después de enfrentar increíbles obstáculos, sacrificios y riesgos, en aras de defender un régimen que parecía justo, disfrutan alegremente cada nuevo aniversario.

Nuestros días no tienen nada que ver con aquellos de hace tanto tiempo. En nada se parecen.

Hace cincuenta años tuvimos la esperanza de una Cuba mejor. Hoy, el mismo que traicionó la revolución cubana (Fidel Castro), vaticina la extinción de la especie humana, dando por sentado que, el que ignore su pronóstico no sabe nada de nada.

El pueblo cubano posiblemente sea uno de los más instruidos del planeta, aunque adolezca de lagunas profundísimas en su percepción del mundo moderno.

El 25% de la mano de obra barata necesaria para las labores de una zafra azucarera basada en el trabajo esclavo había sido alfabetizada. Ahora es el desgobierno el dueño de las fábricas de azúcar (quedan menos de la mitad y su producción no rebasa la de 1902). Es el dueño de las plantas de productos de bienes de consumo (que se compran en el extranjero), de los almacenes (vacíos), de los comercios (vacíos), de la electricidad (carísima y escasa), de los teléfonos (muchos menos), los bancos (¿para qué?), las minas (en manos extranjeras producen), los seguros (son de risa), los muelles (vacíos), los bares (los que quedan), los hoteles (hasta hace poco solamente para extranjeros), las oficinas (llenas de burócratas empedernidos), las casas de vivienda, los cines, las imprentas, las revistas, los periódicos, la radio, la televisión.

Un desgobierno dueño de todo. Y todo improductivo.

Fidel Castro jamás se cansará de culpar de todos los males al imperialismo yanqui y chauvinísticamente proclama que el país pertenecía a los norteamericanos.

No dice, sin embargo, que hoy las mejores escuelas, los mejores hospitales, las mejores casas y los mejores médicos han quedado para sus hijos y sus nietos. No para los cubanos.

¿Dónde están los mejores abogados? Ningún cubano tiene derecho a un abogado. En todo caso a un representante del ministerio público que asuma su defensa.

Hoy los administradores y jefes son designados por el desgobierno y tienen, por obligación que estar identificados con el mismo.

Los miembros del Partido de Fidel Castro son los únicos que ocupan cargos. Ese es el neo-feudalismo del siglo XXI que impera en nuestra patria.

Funcionarios déspotas y crueles que impone el régimen a su antojo y por decreto cada vez que le conviene a sus intereses, para defender lo que durante 50 años le han robado al pueblo de Cuba. Ni de las tierras son dueños los campesinos cubanos, que el único derecho que tienen es recibirlas en forma de arrendamiento y trabajarlas.

Fidel Castro es capaz de jactarse de que Cuba pertenezca a los países del llamado Tercer Mundo.

¡Que vergüenza!

Ha desperdiciado medio siglo "enfrentándose" al imperio, a costa del sufrimiento de su pueblo.

Ahora, al final de la vida, solo se le ocurre vaticinar catástrofes climatológicas, supuestamente originadas por el ser humano (de países desarrollados) e incita a esos mismos pueblos a impedirlo a tiempo. Se burla de todos.

El cambio climático es tan teórico como lo puede ser la teoría darwiniana, que muchos dogmáticos la dan como pura verdad y hasta obligan a nuestros hijos a aceptarla como el origen de la vida.

¿Dónde están las pruebas de que los huracanes de hoy sean más violentos que los de 1926 o 1944?

En el mundo las sequías son cíclicas.

Fidel Castro solo escribe paparruchadas.

¿Qué batalla de Copenhague ni que ocho cuartos?

Anuncia para las próximas décadas las penosas consecuencias, que de ser ciertas ya debíamos estarlas sufriendo.

De forma ladina exhorta a luchar, no ya contra el imperialismo yanqui, sino contra el mundo desarrollado "que trata de imponer sus estúpidos y egoístas intereses".

Llama honradas y valientes a los millones de personas engañadas por los medios de comunicación que se hacen eco de organizaciones mal intencionadas y seudo científicas, que solo buscan beneficios particulares, muy especialmente en el seno de (nada menos) la ONU.

Al negarse a aceptar las condiciones que pretendían imponer países que supuestamente no son responsables del desarrollo de la referida teoría, resulta que los países desarrollados, supuestamente los máximos responsables del desarrollo de la teoría del cambio climático (como consecuencia de las alteraciones provocadas por el hombre) han dado un golpe fraudulento en Dinamarca.

Los países desarrollados no se negaron a tomar medidas. Todo lo contrario, acordaron tomarlas. Lo que no aceptaron fue la imposición de algunas medidas promulgadas por países de tendencias neo-feudalistas.

Un "señor" sin luces, fue el representante del desgobierno de los hermanos Castro Ruz en Copenhague. Una muestra de lo interesado que está en los asuntos del cambio climático.

Fidel Castro cataloga de "lucha a fondo", el papelazo de aquellos que se opusieron al discurso del presidente Obama y demás países desarrollados. Poco más y los tildan de "revisionistas" del tratado de Kyoto, donde hace más de 12 años pronosticaron catástrofes climáticas en los primeros 25 años del siglo XXI.

Miente Fidel Castro descaradamente, al decir que los países desarrollados pretenden hacer caer el peso de los "sacrificios" sobre los países subdesarrollados.

Ante la mano extendida de Obama, para mejorar las relaciones bilaterales, se esfuerza para provocar su retraimiento e insulta de gratis al primer presidente negro de Estados Unidos, calificando sus discursos de "huecos", "demagógicos" y "justificativos", "jefe imperial de edulcoradas palabras y gestos teatrales".

No tiene freno Fidel Castro. Insulta también al Primer Ministro de Dinamarca, tildándolo de "adulón" y "complaciente".

Fidel Castro se auto-cataloga de ser objetivo. ¡Que asco!

Al decir de Fidel Castro, los nueve minutos de intervención de Evo Morales, el Machu Pichu boliviano fueron de "profundos y dignos" conceptos, aunque fueran totalmente estériles.

Después le tocó el turno a su imagen y semejanza, al intento de dictador totalitario neofeudalista Hugo Chávez, catalogando su discurso de "brillante", ante las "vaguedades" y la "negación" del protocolo de Kyoto.

Los ocupadísimos Morales y Chávez, que no fueron capaces de aportar una sola idea (en la práctica no son capaces de nada) se fueron junto con el brasileño, a tomar por el saco, mientras que los dirigentes de los países desarrollados elaboraban un compromiso que pretendieron pasar como un acuerdo de una cumbre absurda, a la cual habían sido invitados países que poco pueden hacer para evitar el "calentamiento global".

Al referido acuerdo se opusieron países como Tuvalu (que nadie sabe donde quedan esas islas) y lo siguieron las delegaciones de Bolivia, Venezuela, Nicaragua y la representante del régimen de los hermanos Castro Ruz. ¡Mucha casualidad!

En fin, que la lucha contra la "Colosal Catástrofe" que se avecina y que solo pueden evitar los países desarrollados se ve frenada por unos regímenes de tendencias totalitaristas tercermundistas, porque consideran (y se basan en cálculos matemáticos fraudulentos) que constituyen un retroceso a las posiciones de Kyoto.

Fidel Castro dice que la cifra de 30 mil millones de dólares en tres años (a los países en vías de desarrollo) para sufragar los gastos que impliquen enfrentar el cambio climático (que podría elevarse a 100 mil por año en el 2020) es engañosa, mísera, ridícula e inaceptable, por el volumen de las inversiones que se requieren.

Solo palabras huecas las de Fidel Castro. No dice el compromiso asumido por los países desarrollados para sí mismos.

Primero se coge a un viejo, decrépito y mentiroso…, que a un cojo.

Domingo, 14 de febrero de 2010

El Síndrome de Estrés Postraumático en Cuba

La guerra de Angola causó un indeterminado número de mutilados.

El número de cubanos mutilados, teniendo en cuenta más de 15 años de permanencia en el país africano, es verdaderamente pequeño.

Las estadísticas del desgobierno de los hermanos Castro Ruz no se dan a conocer a la luz pública, pero no existe mejor estadística que el mano a mano, que el tú por tú.

Si queremos saber cuantos son, basta preguntar a los miembros de nuestra familia, a nuestros vecinos y a nuestras amistades, cuantos mutilados de la guerra de Angola conocen. De esa forma podemos tener una idea de si fueron muchos o pocos.

Realicen la experiencia con los balseros que huyen del sistema totalitario y comparen.

Ahora bien, decir que las aceras de Cuba no están adaptadas para el desplazamiento de sillas de ruedas y que los edificios no tienen elevadores es de un simplismo escalofriante, en un país donde las casas se caen a pedazos por falta de mantenimiento y, de tanto abandono, los baches parecen calles sin asfaltar.

Los veteranos de la guerra de Angola se encuentran agrupados en una Asociación de Combatientes que para lo único que sirve es para convocar reuniones estériles mes tras mes y servir de pala al desgobierno en cuanta manifestación se le ocurra.

Estas asociaciones se conforman por circunscripciones electorales.

Yo pertenecía a una de ellas.

Por cierto, no teníamos ningún mutilado.

La circunscripción posiblemente tuviera más de diez mil electores. La asociación a la cual pertenecía tenía casi 50 integrantes. No faltaba ningún veterano. Teníamos la "seguridad". El registro electoral no falla. Sabe la vida y milagro de cada ciudadano.

Poner en duda, que existan personas que sufren, en silencio, los efectos de la guerra sobre su salud mental, sería estúpido.

En lo que no puedo coincidir es, en que existan miles y miles de personas afectadas de stress post traumático, que no acudan a éste subterfugio como forma de obtener alguna prebenda.

Sinceramente, el cubano está hecho de otra forma. Tal

vez en otros países, aquellos que sufran dolencias de cualquier índole, sean objeto de burlas. En mi país no. Me estoy refiriendo al pueblo. A la gente de a pie. No me refiero a los funcionarios del régimen, que son, además de corruptos, abusadores.

Lo que no permite, el régimen de oprobio, es ir pregonando (por las calles) que usted padece de un stress post traumático, como consecuencia de la guerra de Angola. Vamos, hombre, que el que haya vivido en Cuba durante estos últimos 50 años sufre un stress aun mayor que el que pudiera causar dos o tres años de permanencia en el conflicto angolano.

Para tratar de sanar la salud mental del pueblo de Cuba, cuando la pesadilla fidelística acabe tendremos que acuñar oficialmente el término "Desorden de Stress Post Fidelístico" (DSPF).

La Asociación de Combatientes de Cuba no aporta datos de los veteranos que sufren DSPT, aunque conocemos que existen.

Imaginemos que 1 de cada 5 de los más de 300 mil combatiente que pasaron por Angola, sufran de DSPT. Serían alrededor de 60 mil veteranos.

De manera que estos 60 mil pueden estar expuestos a: 1.- Pesadillas. No creo que las pesadillas de la guerra sean mayores que el día a día en Cuba.

2.- Escenas retrospectivas o la sensación de que un acontecimiento aterrador sucede nuevamente. La perspectiva o la sensación de que vuelvan a ocurrir apagones de 18 horas diarias y los pocos alimentos refrigerados (comidas que se guardan para dos o tres días) se pudran como consecuencias de la falta de energía eléctrica y el, tan nuestro, agobiador calor, superan (con creces) el segundo punto.

3.- Pensamientos aterradores que no pueden controlar. Aterrador es sentirse vigilado las 24 horas del día. El cubano común se encuentra "casi" acostumbrado.

4.- Alejamiento de lugares y cosas que le recuerden lo que sucedió. Bueno, tal vez esta sea una explicación para tanto balsero arriesgando la vida en el Estrecho de La Florida.

5.- Sensación de preocupación, culpa o tristeza. Definitivamente, sufro de DSPT. Me preocupa la situación de mi país. Me siento culpado de haber ayudado (con "mis modestos esfuerzos") a la consolidación de una dictadura neo feudalista. Sufro la inmensa tristeza de no saber que hacer para revertir la situación. Sin embargo, el recuerdo de Angola no me causa Stress Post Traumático.

6.- Sensación de soledad. También sufro de soledad, pero desde la primera infancia. A partir del 1 de enero de 1959, perdí todos mis amigos de la infancia. Ya en 1980 había perdido todos los amigos de la adolescencia y a partir de 1989 comencé a perder los amigos de la tercera edad. Casi todos (los de la infancia, la adolescencia y los de la tercera edad) están fuera de Cuba. Nada de esto tiene que ver con Angola y, yo sí que tuve que ver (con mis ojos) en mi calidad de piloto de helicópteros, muertos y heridos; muchos, demasiados.

7.- Problemas para dormir, sobresaltos. Sinceramente creo que, en Cuba, hay muchas más personas que tienen problemas para dormir y que sienten sobresaltos, sin haber pasado por Angola alguna vez en su vida.

8.- Sensación de estar al límite. Sensación afín a todos los cubanos en la Isla. No creo que sea inferior a la que pueda sentir un veterano de la guerra de Angola.

9.- Arrebatos de furia. De eso padece más del 75% de la población cubana y lo peor es que la mayoría desconoce de donde proviene ese padecimiento, que no es precisamente de Angola.

10.- Pensamientos de hacerse daño o hacer daño a otros. "Voy a pedir pa'ti, lo mismo que tú pa'mí". Esto viene de mucho antes de la guerra de Angola.

El DSPT comienza en momentos diferentes. O lo que es igual, se adapta a las personas. Pueden surgir de inmediato o tardar años en aparecer y permanecer indefinidamente o desaparecer si dejar rastros. Otras personas desarrollan (o inventan) síntomas nuevos, más o menos serios. Las medicinas pueden ayudar, sobre todo aquellas que son sedativas (**si son indicadas por el médico, seremos drogadictos autorizados**). Es posible que necesite algunas semanas para que los medicamentos "surtan" efecto. La terapia de conversación o psicoterapia ayudan a la prescripción médica.

Consejos:

Participe, abra un blog. De esa forma no estará solo. Escriba y cuénteles a su familia y a sus amigos. En definitiva, cuénteles a sus lectores (mediante la web) todo lo que vive día a día en Cubita la Bella.

Tal vez no le crean y hasta alguno, por ahí, diga que usted es un asalariado del Imperio. Otros, por el contrario compartirán algún aspecto que le sirva de ayuda.

No se esfuerce mucho, recuerde que no se debe gastar mucha energía en un país donde la alimentación es suministrada por los des-gobernantes, en la medida de "sus" posibilidades.

Trate de viajar en guagua. No camine más de tres o cuatro cuadras.

Ni se le ocurra jugar al tenis. Eso es cosa de extranjeros.

No se le ocurra plantar un jardín. Bastante tiene con trabajar en los organopónicos inventados por Raúl Castro.

Si se le ocurre realizar ejercicios de estiramiento, en casa, preste atención a las dimensiones de la barbacoa.

Evite comprar drogas en bolsa negra. Para eso existe el DSPT y los médicos.

Relájese.

Preocúpese, pero no se ocupe. Esa es la mejor forma de fosilizar la dictadura. Mientras exista jamás saldrá del DSPT.

Grite ¡Viva Fidel! ¡Viva Raúl!, aunque no lo sienta. Esa sería una buena forma de relajarse. Mi vecino, Reinaldito, utilizó éste método durante los apagones y, risas aparte (que causó), fue una experiencia relajante.

Coger, o no coger lucha. Esa es la cuestión.

Nota: A mi entender, existen 5 edades que se encuentran comprendidas de: 0 a los 20 años, de los 20 a los 40 años, de los 40 a los 60 años, de los 60 a los 80 año y por último, de los 80 en adelante, siendo ésta la quinta edad.

De los 0 a los 20, el ser humano se prepara para la vida.

De los 20 a los 40, el ser humano aporta de sí, toda su capacidad.

De los 40 a los 60, el ser humano comienza a preparar el relevo.

De los 60 a los 80, el ser humano pasa a retiro.

De los 80 a los 100, el ser humano (los que pueden) se dedica a contemplar el escenario, tal vez pensando que cualquier tiempo pasado fue mejor.

Sábado, 20 de febrero de 2010

El bojeo a Cuba, hace 500 años (historia)

En los primeros meses del presente 2010 se cumplirán 500 años del bojeo a Cuba, ordenado por Nicolás de Ovando, gobernador de las Indias. Su acción obedecía a un deseo del Rey Fernando, para determinar si esta tierra era efectivamente isla o parte de tierra firme, y para conocer si en este territorio habría «especiería, oro y otras cosas de provecho».

Habrían de pasar varios años sin que se cumpliera la

voluntad real, hasta que en 1509 se dio inicio a esa circunnavegación por Sebastián de Ocampo.

Cristóbal Colón, en su primer viaje (1492), había seguido pocos contornos de Cuba y en el segundo (en 1494), navegó por su parte sur y concluyó (¿a propósito?) haber llegado a una parte del continente asiático.

Al contrario de lo que opinan algunos ignorantes, revisionistas de la historia, la exploración del archipiélago cubano no obedecía a una supuesta "hambre de oro", como pretenden catalogarlo.

La Corona española sabía perfectamente que Colon no había llegado a las indias orientales aunque, para le fecha no estuviesen convencidos de haber descubierto un nuevo continente. Era por tanto necesaria la exploración y con ella la investigación de todo lo que estuviera al alcance de sus posibilidades.

Comenzaba, de esta forma, a formarse el embrión de lo que más tarde se llamaría sistema de mercado y no "capitalismo mercantil".

¿Por qué el archipiélago cubano no fue explorado, de 1492 hasta el fin del bojeo en 1510?

Luego del atraque de Colón en Palos, al regreso del primer viaje, la corona española había recibido varias «cartas anunciadoras» de los descubrimientos. Una de las misivas fue dirigida al Rey español desde su escala de Sevilla, pero se ha perdido, y las otras dos se dirigieron a Luis de Santángel y a Rafael Sánchez.

Las dos cartas conocidas, de tan similar contenido que parecían responder a una misma circular, se referían a Cuba con un diez por ciento de su espacio, en un lenguaje parco o discreto; de la otra isla, La Española, más pequeña que la de Cuba, se ocupaba un 70 por ciento, en un estilo hiperbólico y que exaltaba sus condiciones naturales y la mansedumbre de sus indios, comparándola, positivamente, con la propia España.

No tiene nada de errado, la preferencia de Colon por "La Española". El Almirante (muy probablemente de origen lusitano), necesitaba "vender" la idea de comenzar, lo antes posible, lo que poco después se conociera como colonización. Si los reyes no compraban la idea, era muy probable que Colon perdiera todas las ventajas que había alcanzado aun antes de "descubrir" alguna nueva tierra.

Las dos misivas de Colón informando de su viaje fueron objeto de una relampagueante divulgación en España y en países europeos, con ese asimétrico enfoque colombino, a pesar de que Cuba era mayor en tamaño y no se quedaba atrás en recursos naturales.

Colón exploró Bariay y Gibara entre los días 28 y 29 de

octubre de 1492. Desde Nipe pretendió llegar a Gran Inagua, en las Bahamas, pero vientos y corrientes adversos se lo impidieron.

Colón supo que en la isla de Cuba existían yacimientos poli- metálico y abundante vegetación propicia para la construcción de embarcaciones. Sin embargo, en sus informes hizo poca insistencia de su paso por Cuba, dando prioridad a "Quisqueya", pero de ahí, a decir que Colón "intentó" eliminar el nombre de Cuba, es pasarse de la raya. Comenzando porque los indios taínos, conocían esa tierra con el nombre de Cubanacán y es precisamente Colón el que la llama Cuba, tal vez debido a que, la coincidencia fonética, le hiciera sentir nostalgia de su tierra natal en el Alentejo portugués.

Colón bautizó a Quisqueya, con el nombre de "La Española", no porque le recordara el reino ibérico, sino porque aludir a la recordación y utilizar el nombre, eran su forma de vender la idea. Para la concretización de sus planes, Colón necesitaba regresar al nuevo continente. Si no despertaba el interés de la monarquía española, tal vez no hubiera pasado aquello de un solo viaje. Los excesos descriptivos de Colón, ante la monarquía española, fueron tan bien recibidos que, en menos de dos siglos, todo el continente americano se encontraba bajo el poder de España.

¿Por qué "La Española" y no Cuba?

Mucho tenían que ver los vientos alisios y las corrientes marítimas, en la duración de los viajes de ida y regreso a la península. No debemos olvidar que solamente, el viaje de ida, demoraba casi tres meses, mientras que el de regreso (gracias a la corriente del Golfo de México), demoraba poco más de dos.

Cuando nos referimos a "La Española", muchas veces pensamos en la República Dominicana. Nada más falso. El Fuerte llamado de "La Navidad", lo construyeron en las cercanías de lo que hoy es un pueblo de Haití, llamado "Caracol".

Colón, que era un avezado marino, estudió hasta el más mínimo detalle. Llegar, procedente del Océano Atlántico, hasta el Fuerte "Navidad", utilizando el hoy llamado "Silver Bank y luego, cruzando entre lo que hoy conocemos como "La Pequeña Inagua y las Islas Turcas llegar hasta la corriente del Golfo, la cual lo llevaría de vuelta a España, con puerto de alternativa en las islas Azores, al igual que Madeira o las Canarias, lo fueran en el viaje de ida.

Al principio, la colonización fue progresando lentamente. Los fondos de la Corona eran escasos. En la medida que progresaba la colonización, aumentaban los fondos.

El historiador Fernando Portuondo del Prado, considera

en sus estudios, que la demora en realizarse el bojeo a Cuba se debió a los asuntos de Santo Domingo. La exploración de "La Española", dio lugar a que el principal asentamiento se realizara en la Bahía que forma la desembocadura del río Ozama, no obstante que, para el regreso a la península, continuarían utilizando el sistema de Colón.

Resulta totalmente falso que con anterioridad al bojeo de la isla de Cuba, marinos españoles, que no fueran Colón y los suyos, cruzaran por el norte y el sur de la isla.

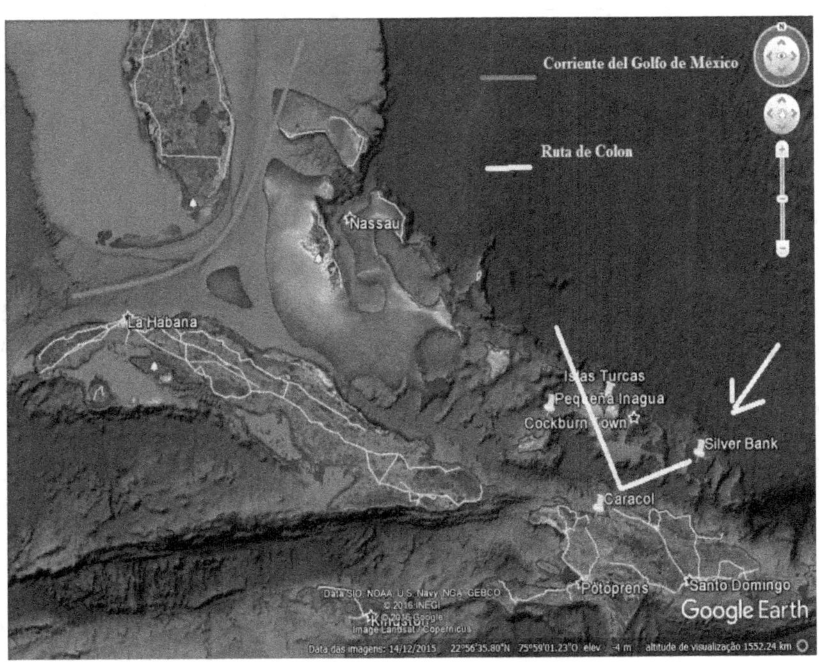

En el primer viaje, Colón llegó hasta lo que hoy es conocido como "Jardines del Rey". En el segundo viaje, bojeó Jamaica, llegando hasta lo que conocíamos como la Isla de Pinos. En el tercer viaje, Colón reconoce que se encuentran en un continente desconocido para los europeos, pero luego se retractó y dijo que era el continente asiático. En esos momentos, ya los españoles se asientan en la desembocadura del río Ozama, desde donde, en circunstancias poco esclarecidas, Colón regresa a España encadenado, traicionado por el rey Fernando.

Fue solamente a partir de 1499 que comienzan los viajes de descubrimiento de nuevas tierras, con Alonso de Ojeda y Vicente Eanes Pinzón.

En el cuarto viaje Colón explora todo el Mar Caribe. Era tanto, el interés de Colón de que los reyes españoles creyesen, a pie juntillas, su idea, (ante el temor a que lo desconocido impidiera nuevos viajes) que en todo momento quiere convencerse y convencer a los suyos de que han llegado al continente asiático. Sin embargo, Juan de la Cosa, quién desde el inicio viajara con Colón y fuera cartógrafo, trazara un mapamundi en 1500 en el cual Cuba aparecía como una isla.

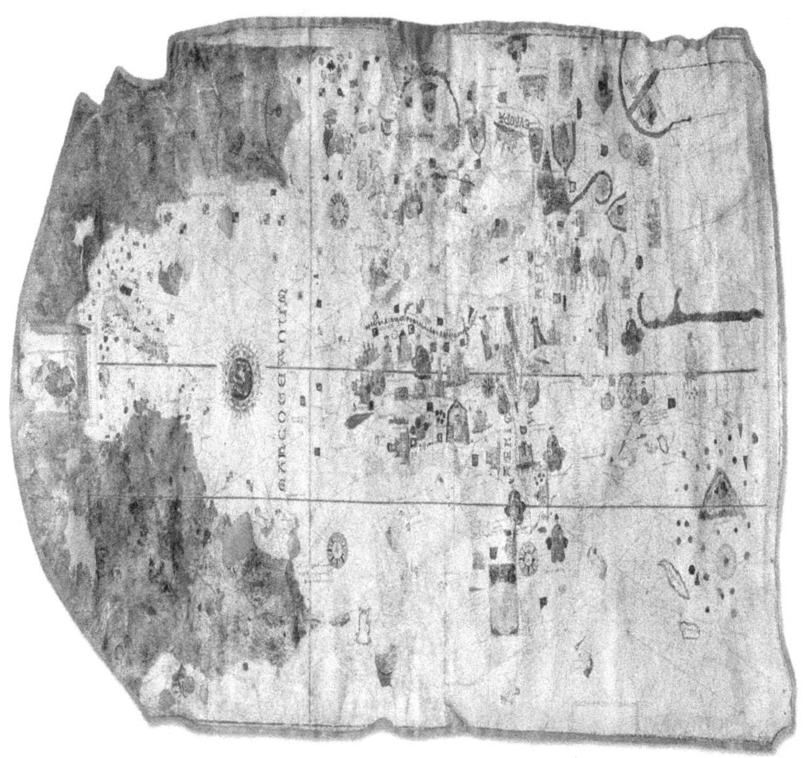

A partir de este mapamundi del año 1500 (faltaban aun 9 años para que comenzara el bojeo a Cuba) podemos presumir que los descubridores sabían más de lo que decían y mucho más de lo que era informado oficialmente.

Nótese que los continentes africanos y asiáticos se encuentran bien delimitados. Y hacia el oeste, las tierras de lo que sería llamado América del Norte y el Sur.

En ocho meses circunnavegaron el archipiélago cubano. Hay quienes afirman, categóricamente, que Colón se había equivocado al decir que Cuba era parte de la plataforma continental.

A mi forma de ver y apreciar los hechos, considero que Colón sabía perfectamente que Cuba era una isla. Juan de la Cosa así lo testifica en su mapamundi.

Quedaba abierto el camino para la colonización.

Domingo, 21 de febrero de 2010

Haití y el neo-feudalismo totalitario

Me gusta la historia. Saber de donde venimos e intuir hacia donde vamos. También el ajedrez. Es un juego bélico, mucho mejor que los soldaditos que nos regalaban cuando niños.

En mi época infantil y preadolescencia, asistía asiduamente a un autocine en las cercanías de mi casa. Un poco más lejos (los fines de semana) íbamos a Guanabo, donde podíamos escoger entre dos cines. Ya existía la televisión y aunque la calidad no fuera del todo buena, las aventuras de Rin Tin Tin, de Flash Gordón o Los Jinetes de MacKenzie me pegaban al televisor de forma casi permanente.

La radio no me interesaba mucho. Prefería utilizar la imaginación leyendo a Salgari, Edgar Rice Burroughs o Julio Verne.

El primer colegio, al que asistí (después del primer intento de escuelita) fue el de "Los Hermanos Maristas", una congregación religiosa de la Iglesia Católica dedicada a la educación de niños y jóvenes. Allí aprendí el catecismo y la Historia Sagrada, todo lo cual compaginaba perfectamente con mi imaginación, aunque algunos pasajes me resultaran un tanto incomprensibles, como pudiera haber sido la famosa Arca de Noé.

Pasados los años, no me queda otra alternativa que relacionarlos con los cambios físicos que sufre nuestro planeta desde hace miles y miles de años.

He leído la historia de la Grecia antigua, del Imperio Romano, de la revolución francesa y..., como buen cubano, nuestra historia, relatada por Miró Argenter y Ramón Roa.

El primero demasiado épico. El segundo demasiado pesimista.

En fin, que el cubano si no llega, se pasa.

Llegué a la conclusión que la historia la escriben los vencedores y que para conocer la verdad, es necesario leer las diferentes versiones de un mismo hecho, para luego sacar conclusiones propias y no dejarse llevar por lo que alguien nos quiera trasmitir. De esa forma, leyendo las "Obras Completas de José Martí", regalo de mi madre, concluí que "el apóstol" no era un busto a la entrada de un Colegio.

Concluí más; he llegado a pensar que nuestro José Martí, era tan cubano como pudiera haberlo sido Carlos Roloff.

"Patria es Humanidad", decía Martí, educado en Zaragoza. Su pensamiento audaz, valiente y ético, era republicano y al igual que Bolívar, independentista. No socialista. Mucho menos marxista de ideas proletario-dictatoriales.

Siendo martiano, se puede ser antiimperialista y anticomunista.

La revolución cubana de 1959 partía de esas bases. Luego fue traicionada por Fidel Castro y sus secuaces.

La dictadura de Fidel Castro no le ha dado dignidad al pueblo de Cuba.

Mi país pasó, de ser una colonia española de sistema económico basado en el trabajo de mano de obra esclava, a ser una república de sistema económico mono-productor, basado en el trabajo de mano de obra (barata) asalariada.

Nada ha cambiado con el "sistema fidelista".

Pasados 50 años nuestro pueblo se encuentra explotado por una casta de funcionarios con un líder sempiterno al frente, capaz de insertar en una constitución totalitaria, un acápite que dice ser imposible revertir el sistema.

Es el absurdo de lo absurdo. De esa forma no se puede evolucionar. Se conculca el desarrollo.

Fidel Castro ha utilizado el pensamiento de José Martí en beneficio propio y lo hizo cómplice del asalto al Cuartel Moncada. Aun hoy hace más: Pretende formar un trío con los personajes fríos de Marx y Lenin.

En nombre del progreso y el desarrollo, Fidel Castro ha sumido al pueblo de Cuba en una miseria solo comparable con Haití y los más atrasados pueblos africanos.

Robó las tierras de los latifundistas, para hacerlas propias y dejar de explotarlas.

La mano de obra asalariada pasó a ser mano de obra esclava de sus intereses personales, de combatir al imperialismo donde quiera que esté.

De Bolívar, Martí dijo: "...lo que él no dejó hecho, sin hacer está hasta hoy: porque Bolívar tiene que hacer en

América todavía."

"Déme Venezuela en qué servirla: ella tiene en mí un hijo."

Siempre servir a la América. Nunca servirse de ella, como es el caso de Fidel Castro y Hugo Chávez.

En estas circunstancias, tiene lugar en Haití una catástrofe natural sin precedentes, mientras que en la América Latina varios gobiernos ensayan un proyecto neo-feudal, basado en el sistema fidelista, que los lleva irremediablemente a una crisis económica aumentada.

Estos gobiernos, especialmente el de Venezuela, se refugian (para encubrir sus fracasos) en la actual crisis financiera internacional. Culpan, de sus problemas, a las guerras que tienen lugar en el lado opuesto del planeta. Pretenden hacer creer que el gasto en que se incurre, podría desarrollar (en poco tiempo) a todos los países subdesarrollados y "evitar" el publicitado "cambio climático". ¡Pamplinas!

Luego de intentar sabotear la Cumbre de Copenhague, se lamentan y auguran el fin de la especie humana.

La tragedia de Haití permite ejemplificar como el totalitarismo fidelista utiliza la burda propaganda política, para dar lecciones de lo que se debe hacer:

Las instituciones financieras, reunidas en Montreal, estudian como ayudar económicamente a Haití, de forma racional, causando mínimos gravámenes a los países solidarios.

Por el contrario, en detrimento del bienestar económico del pueblo venezolano (que ya sufre las consecuencias energéticas de una administración despilfarradora del patrimonio público) el régimen de Hugo Chávez decide condonar la deuda económica de 167 millones de dólares.

La crisis económica del régimen de Hugo Chávez, se puede medir, a partir del momento en que decide garantizar los suministros de petróleo, a la mayoría de los países caribeños (Cuba incluida), con "facilidades especiales" de pago. De esa manera comienza Chávez su crisis particular.

Fidel Castro lo reconoce al decir: "En el caso de Cuba, después que la URSS colapsó, el Gobierno Bolivariano impulsó un crecimiento extraordinario del comercio entre ambos países, que incluía el intercambio de bienes y servicios, que nos permitió enfrentar uno de los períodos más duros de nuestra gloriosa historia revolucionaria". "Cuando más lo necesitaba nuestra América, estalló finalmente la Revolución Bolivariana".

Esta frase se puede traducir de la siguiente forma: En el caso nuestro, después que la URSS se desmerengó, el gobierno de Hugo Chávez impulsó un crecimiento extraordinario del comercio, que incluía el intercambio de bienes (para el régimen cubano) y servicios (para el régimen venezolano), que nos permitió salvar el pellejo. Cuando más lo necesitaba nuestro régimen, fue elegido presidente, Hugo Chávez, en Venezuela.

Domingo, 28 de febrero de 2010

<u>El Sr. Hervé Kempf y el Neo feudalismo Totalitario</u>

La intervención de Hugo Chávez en la Cumbre de Copenhague hizo que algunos reconocieran a un periodista, francés, que se ha dedicado a publicar (no se sabe bien por medio de cuales fondos) artículos, llenos de imprecisiones y datos falseados, sobre el medio ambiente. No incluye soluciones. Solo politiquería barata, de corte neo-feudalista.

En su introducción, Chávez citó, que Hervé Kempf situó al frente de su libro **"Cómo los ricos destruyen el planeta". "No podremos reducir el consumo material a nivel global si no hacemos que los poderosos bajen**

varios escalones, y si no combatimos la desigualdad; es necesario que al principio ecologista, tan útil a la hora de tomar conciencia: pensar globalmente y actuar localmente, le sumemos el principio que impone la situación: consumir menos y repartir mejor".

Es sumamente fácil culpar, a los ricos. Difícil sería (y políticamente incorrecto) decir que las tribus africanas o la población de Haití destruyen el planeta con la tala indiscriminada de árboles, causante de la deforestación de sus países.

De lo que se trata, Sr. Hervé, no es de reducir el consumo material. Todo lo contrario. Debemos incrementarlo, para que aquellos que hoy no tienen acceso al consumo, algún día logren consumir.

Somos los endebles, los que tenemos que subir varios escalones.

Debemos combatir la desigualdad, pero desde una óptica positiva y no al contrario.

Consumir más, significa mayor producción y por ende mayores posibilidades de alcanzar los bienes de consumo. Lo contrario sería, disminuir la producción y por ende disminuirían las posibilidades de consumo.

Dejemos la repartición, de los panes y los peces, a Dios y concentrémonos en trabajar más y mejor, a todos los niveles de la sociedad.

El Sr. Kempf, luego de su artículo catastrofista, se ha dedicado, malintencionadamente, a lamentarse de escasa transparencia en la Cumbre de Copenhague. No dice una sola palabra de sus "amigos", los saboteadores de la Cumbre (Chávez y Morales), más comprometidos con su propaganda neo-feudalista que con el medio ambiente.

Si se sigue la trayectoria de Kempf, podremos apreciar como, en solamente dos décadas, ha transitado de ser un ecologista empedernido, a un furibundo neo-feudalista ambiental.

¿Qué nos propone el Sr. Kempf para salvar el planeta? Salir del sistema de mercado, para entrar en el neo-feudalismo totalitario. ¿Entrar en el igualitarismo absurdo y ridículo que solo conduce a la miseria?

Su posición es sencillísima: Luego de tener un líder absoluto, pasar a tener el control de los medios televisivos, para evitar el hiper-consumo que provoca la publicidad entre películas.

Es tan simplista el Sr. Kempf, que se le ocurre decir que, a un millonario jamás se le ocurriría andar en bicicleta.

No es exactamente así Sr. Kempf. Los millonarios andan en bicicleta como cualquier otro ser humano. Lo que no se le ocurriría a un millonario es ir a trabajar en bicicleta o viajar en bicicleta.

Le propongo una cosa Sr. Kempf: Le doy a escoger entre una bicicleta y un automóvil para ir de Paris a Rambouillet (45 Km. aproximadamente). Vamos hombre, no me haga reír, que la situación no está para bromas. No es un asunto de modelo, ni de poder, ni de prestigio.

El automóvil es un medio de transporte al que debemos tener acceso, todos. De lo que se trata es de alcanzar una sociedad donde el 70% de la población sea clase media, no lo contrario.

Tenemos el ejemplo de Cuba.

Un país que tenía un 70% de clase media y un 25% de gente muy pobre, pasó a ser (en un período de 50 años) un país de un 5% de oligarcas todopoderosos y un 95% de gente muy pobre (de bolsillos y de mente).

Detrás de toda la parafernalia inventada por la Comisión Interparlamentaria de las Naciones Unidas para el Medio Ambiente, compuesta por seudo-científicos, observamos una cuestión de fondo: la esencia misma del neo-feudalismo totalitario.

Ya lo había vaticinado el Nostradamus Tropical un 12 de junio de 1992, durante la Cumbre de la Tierra, en Río de Janeiro: "Una importante especie biológica está en riesgo de desaparecer: El homo sapiens-sapiens".

Para Fidel Castro, todo se resume en distribuir. Jamás se refiere al trabajo. Se dedica a anunciar que viene el lobo, pero no construye una casa de ladrillos. No construye nada. Solo distribuye lo que no es suyo.

El lobo envenena el aire con su aliento. El lobo se come la capa de ozono. Los pedos del lobo saturan la atmósfera y alteran las condiciones climáticas. No dice nada de los pedos de las ovejas.

Distribuir las riquezas, distribuir las tecnologías, distribuir, distribuir, distribuir. Nada de trabajar.

Menos lujo y despilfarro en los países exportadores de petróleo. No más transferencias de estilos de vida y hábitos religiosos ajenos a la civilización occidental. Páguese la deuda externa.

No existe deuda ecológica alguna. No dice nada de las transferencias de estilos de vida y hábitos religiosos que pretenden imponer los fundamentalistas islámicos a las sociedades occidentales.

Si usted contrae una deuda..., páguela. No sea sinvergüenza.

El hombre sobrevivirá al neofeudalismo totalitario. El hambre está por ver.

El Sr. Kempf, al igual que Fidel Castro solo vaticina catástrofes, sin hacer absolutamente nada por evitarlas. No tienen verdades, solo subterfugios propagandísticos.

Lunes, 1 de marzo de 2010

Asuntos migratorios (política)

<u>Las conversaciones entre el régimen de los hermanos Castro Ruz y el gobierno de los Estados Unidos</u>

Se han reunido, en La Habana, las representaciones del desgobierno de los hermanos Castro Ruz y el gobierno de los Estados Unidos de Yanquilandia, para conversar sobre la emigración de cubanos hacia tierras norteamericanas.

Los revisionistas de la historia de Cuba, como Max Lesnik y Fidel Castro, intentan una y otra vez mezclar la leche condensada con la de magnesia. Una cosa es: las diferencias que existían, entre Cuba y los Estados Unidos entre 1902 y 1958. Otra bien diferente es, el haber instaurado una dictadura "del proletariado", totalitaria y neo-feudalista en mi país.

Lo único que le interesa al régimen de los hermanos Castro Ruz, es que se mantenga el flujo migratorio de las 20 mil visas anuales, sin que se vean afectadas por las medidas unilaterales y restrictivas impuestas por el desgobierno, que impulsan a emigrar a la población cubana.

El régimen de los hermanos Castro culpa (no exento de razón) a la "Ley de Ajuste Cubano" y la cataloga de responsable de la emigración, mientras que, se niega a admitir su responsabilidad.

No debemos olvidar que los balseros cubanos se lanzan a cruzar un estrecho llamado de La Florida, que es precisamente donde la corriente del Golfo de México alcanza su mayor intensidad y velocidad (hasta seis nudos). ¡En la práctica es un suicidio! Es como jugar a la ruleta rusa.

¿Hablar solo de asuntos migratorios? ¿Y por que no hablar de todo lo demás que separa a ambas naciones?

Eso sería lo correcto, sobre todo porque ya el gobierno de los Estados Unidos ha expresado que mientras el desgobierno de los hermanos Castro Ruz, no de pasos concretos hacia la democracia, será imposible continuar dando muestras de acercamiento.

No son tiempos de crear dos, ni tres, ni muchos Viet Nam. Tampoco son tiempos de ínfulas de Fidel Castro ("el africano"). Ahora se trata de imponer a toda costa y a cualquier coste, el fracasado sistema totalitario neo-feudalista en los países suramericanos.

Ese es el caso del régimen de los hermanos Castro Ruz.

Como primera arma la imposición de un sistema neo-feudal en países como Venezuela, Bolivia o Ecuador, mientras que para humanizar las tremebundas intenciones (de esclavizar a esos pueblos) propalan a los cuatro vientos ideas sociales y gastan millones y millones de dólares en planes que fracasan antes de ser implementados.

Si no fuera porque sé que esos planes, al final, empobrecen más aun a los pueblos donde se aplican, no le dedicaría un segundo para escribir sobre ellos.

Las exigencias democratizadoras que exigen la mayoría de los países de este mundo, son tan amplias como las exigencias del levantamiento del "bloquebargo" aberrante que mantienen los Estados Unidos contra el régimen de los hermanos Castro Ruz.

En otras palabras: El mundo le exige a la dictadura comunista de los hermanos Castro Ruz que den pasos hacia la democracia representativa y los gobernantes sean la verdadera representación del pueblo y no unas momias del siglo pasado.

Es necesario que el pueblo de Cuba deje de ser esclavo de una casta de funcionarios burocráticos, corruptos y abusadores y la Asamblea General de la República deje de ser servidora incondicional de un solo hombre.

Para mantener un diálogo con el gobierno de los Estados Unidos, el régimen de los hermanos Castro Ruz, impone la condición de que se le trate como a un gobierno democrático, cuando no es otra cosa que una dictadura vitalicia.

A mi forma de ver y apreciar, la discusión sobre asuntos de emigración de cubanos hacia los Estados Unidos es de suma importancia para el pueblo de Cuba.

De haberse cumplido el programa de 20 mil visas anuales desde 1994, se infiere que hayan salido del país 380 mil cubanos. Casi todos en edad laboral.

Si esto no le interesa al régimen de los hermanos Castro Ruz, es por que consideran que es la única forma de mantenerse en el poder hasta el fin de sus días.

Sábado, 20 de marzo de 2010

<u>Medio Siglo de Dictadura (huelgas de hambre)</u>

LA TOZUDEZ, LA INTRANSIGENCIA, LA CRUELDAD, LA INSENSIBILIDAD ANTE LA COMUNIDAD INTERNACIONAL DEL GOBIERNO BRITÁNICO FRENTE AL PROBLEMA DE LOS PATRIOTAS IRLANDESES EN HUELGA DE HAMBRE HASTA LA MUERTE, RECUERDAN A TORQUEMADA Y LA BARBARIE DE LA INQUISICIÓN EN PLENA EDAD MEDIA

¡TIEMBLEN LOS TIRANOS ANTE HOMBRES QUE SON CAPACES DE MORIR POR SUS IDEAS, TRAS 60 DÍAS DE HUELGA DE HAMBRE! AL LADO DE ESE EJEMPLO, ¿QUÉ FUERON LOS TRES DÍAS DE CRISTO EN EL CALVARIO, SÍMBOLO DURANTE SIGLOS DEL SACRIFICIO HUMANO?

¡ES HORA DE PONER FIN, MEDIANTE LA DENUNCIA Y LA PRESIÓN DE LA COMUNIDAD MUNDIAL, A ESA REPUGNANTE ATROCIDAD!

FIDEL CASTRO. 18-09-1981
69 CONFERENCIA DE LA UNIÓN INTERPARLAMENTARIA

A TODOS LOS HOMBRES Y MUJERES QUE LUCHARON POR LA INDEPENDENCIA DE IRLANDA

Sobre el régimen de los hermanos Castro Ruz llueven las acusaciones. Los viejos diablos, desmoralizados, no son capaces de otra cosa que la de hacer comparaciones con el mundo exterior que los rodea, dándole la espalda a las atrocidades que cometen (a diario) en nuestro país.

Contra Fidel y Raúl Castro se alzan los medios informativos de todo el mundo, ante la muerte premeditada de un prisionero de conciencia, en huelga de hambre.

La verdad no sorprende a nadie, ni a ellos mismos. Ha

sido tan burdo, esta vez (el asesinato) que se muestran incapaces de dar una explicación, aunque no sea convincente.

Se trata de una operación diseñada por los servicios secretos del desgobierno totalitario.

Pero les salió el tiro por la culata.

La opinión pública internacional no se dejó engañar, aunque los motivos para tamaño crimen no parezcan tener una justificación aparente.

La economía del régimen neo-feudal, impuesto a mi país, va de mal en peor. No tienen como pagar las deudas contraídas con los empresarios españoles que realizan negocios de riesgo con el desgobierno de Fidel y Raúl Castro.

Las intenciones del Ministro de Relaciones Exteriores del gobierno español eran un intento de mejorar las relaciones diplomáticas de la Unión Europea con el desgobierno.

Tratábase de abrir nuevos mercados (léase créditos) de países europeos hacia el régimen totalitario.

Las segundas intenciones:

Que el desgobierno cumpliera con las obligaciones de pago a los empresarios españoles.

Lo de Fidel y Raúl Castro no era un plan cualquiera. Lo concibieron y acordaron al más alto nivel y dieron las instrucciones precisas, a todos los funcionarios de las prisiones, para retirarle el agua al prisionero de conciencia Orlando Zapata Tamayo.

Pretendían quebrar su voluntad.

La segunda parte del plan, si no renunciaba a la huelga de hambre consistía en dejarle morir.

Un "show" (del desgobierno) como éste, no tiene consecuencias negativas inmediatas para el régimen.

A los octogenarios des-gobernantes no le interesan las relaciones comerciales con la Unión Europea. No se encuentra, entre sus planes, mejorar el nivel de vida de los cubanos. Su única pretensión es morir de viejos "con las botas puestas".

La "cuña bolivariana" los tiene bien calzados. El pueblo que aguante. Total, después de medio siglo: ¿Qué más da? Una vez más se han salido con la suya.

Se libraron de un hombre obstinado. Tal vez se libren de Fariñas. Los repudiados viejitos están cansados de que desde todas partes del mundo les pidan que liberen a los presos de conciencia (en primer lugar) y a todos los presos políticos (en segundo lugar).

La represión, en Cuba, ha ido creciendo a lo largo de medio siglo, solo que ahora, los maquiavélicos cerebros seniles ya no funcionan con la misma destreza y cometen errores garrafales.

No saben que hacer ante una oposición pacífica.

En un intento de salvar la imagen, acuden a los intelectualoides izquierdistas, que aun guardan fidelidad a las ideas totalitarias. No nos sorprende que alguno de ellos haya cantinfleado de lo lindo, tratando de justificar el abominable crimen.

En fin, algo tienen que hacer para garantizar sus vacaciones gratis en los mejores hoteles (construidos, en su mayoría, por empresarios españoles) en los Jardines del Rey y de la Reina.

Domingo, 7 de marzo de 2010

Fidel Castro y Orlando Zapata

Todas las personas nacemos de madre y padre, aunque hoy en día se encuentre de moda la reproducción in-Vitro.

Solo un desalmado, al servicio de unos monstruos (como los hermanos Castro Ruz) puede escribir, aunque le remuerda la conciencia (si es que tiene alguna), que Orlando Zapata es un "muerto útil".

Extraña paradoja es, la de un país en que la expectativa de vida se compara con la del Primer Mundo, mientras que las condiciones de esa misma vida es infrahumana.

¿Es eso socialismo?

¿Vivir pendiente de lo que suministra (para comer) un desgobierno totalitario es vivir?

¿Vivir durante más de 50 años sin poder elegir que comida llevarse a la boca es vivir?

¡Ya! , me dirán, pero hay en el mundo quienes no tienen nada que llevarse a la boca. Y les respondo: Tienen razón, pero es que se trata del caso de Cuba y no del caso del mundo.

¿O es que acaso el conformismo es parte intrínseca del mal llamado socialismo?

A las preguntas anteriores, un periodista bloguero que responde al nombre de Enrique Ubieta, le llama "Ley y Honor". ¡Es el colmo del absurdo!

Mire señor Ubieta, en mi país, a todo aquel que desaparece se le endilga un cartelito (subliminal) "desaparecido en el estrecho de La Florida, intentando acogerse a la Ley de Ajuste Cubano.

El caso de Orlando Zapata es un asesinato

Podían haberle preservado la vida como a tantos otros. Pero no. Al parecer la insignificancia del hijo de un obrero, un obrero mismo, no tenía el valor suficiente. Lo subestimaron. Dejaron correr el tiempo..., y murió de inanición. En un lugar que, según el periodista, nadie se muere de hambre.

No haga comparaciones con ningún otro país. Refiérase al suyo. Aun no había sido enterrado y ya Ubieta está publicando en Internet que el asesinado era un delincuente común.

No dice que se encontraba preso y mucho menos que pertenecía al grupo de los 75 que encarcelaron en el año 2003.

Si usted, señor periodista, nació un año antes de 1959, debe haber sido muy mal estudiante de la historia de Cuba.

Orlando Zapata no era tan delincuente como Fidel Castro.

Recuerde que así le llamaron en su día (tras el fracasado asalto al Cuartel Moncada) a todos aquellos que participaron.

Los autotitulados "generación del centenario" eran unos delincuentes con larga historia.

No sea cínico. Nadie que se atreva a escribir semejante barbaridad puede lamentar esa muerte, mientras llama "hipócritas dolientes" a sus familiares y amigos.

Otro albañil, que murió de viejo, que había sido bandido (Juan Almeida) fue convertido en activista político de un régimen de oprobio y fue mano ejecutora de muchos cubanos.

¡Que canallada!

¿Como se atreve, ante la muerte, a escribir que una persona es imprescindible? Coincidimos solamente en que su muerte es el colmo de lo absurdo.

Esta vez se equivocaron. Nunca pensaron que se atrevería a cumplir su palabra.

Pensaron que desistiría y fueron sus carceleros los que lo hostigaron y provocaron permanentemente, en una inútil persistencia, en un vano intento de quebrantar su voluntad.

Va más allá Ubieta. Dice que los médicos, que desatendieron a Zapata y se confabularon con sus torturadores, no escatimaron esfuerzos para preservarle la vida.

No me refiero a los "médicos" de las cárceles por donde transitaron a Zapata. Esos son tan torturadores como los funcionarios de prisiones del régimen.

Estoy refiriéndome a los últimos que lo trataron y que ahora dicen (ellos) que ya no había nada que hacer. Estos médicos, solo para salvar la honra, tienen el deber de denunciar el estado físico en que llegó, a sus manos, Zapata. De lo contrario, se convierten en cómplices de asesinato por encubrimiento.

Zapata no pudo, tan siquiera, tener un funeral digno. El dolor de familiares y amigos fue vilmente mancillado por las hordas represivas.

Ubieta llama buitres y mercenarios a los pocos medios que tuvieron la osadía de desafiar al régimen, asistiendo al funeral. Pretendían que, no solamente el pueblo cubano se enterase (como ya es costumbre) del asesinato. La noticia le da la vuelta al mundo.

Hasta el presidente de Brasil se mostró perturbado ante el crimen y a Raúl Castro no le fue posible dar la callada por respuesta, haciendo un papel ridículo ante la prensa extranjera. En el colmo de la desfachatez, Ubieta culpa (de la muerte de Zapata) a la disidencia, pero les llama "contrarrevolución". ¿Cuál contrarrevolución? ¿Qué revolución?

En momentos de duelo, el intento de hacer reír, agranda más el crimen señor Ubieta.

En mi país sí hay torturados, Raúl Castro. Y se ejecuta por orden expresa, mediante puestas en escena de juicios sumarísimos.

La declaración que hizo Raúl Castro, en presencia de Lula da Silva, desapareció y no ha sido transmitida por la televisión ni la radio oficialista del régimen de oprobio.

Zapata, de 42 años fue catalogado, como prisionero político por Amnistía Internacional tras su arresto en el 2003.

Dio inicio a la huelga de hambre el pasado 3 de diciembre.

Murió en un hospital de La Habana donde los médicos, de última hora, trataron de revivirlo.

Los funcionarios de prisiones le dejaron agonizar durante semanas en celdas de aislamiento sin darle una atención médica adecuada.

Amnistía Internacional dijo que la muerte de Zapata demostraba la ''crueldad'' del desgobierno del régimen totalitario.

En marzo del año pasado debió ser sometido a una operación debido a un coágulo cerebral producido a golpes por sus carceleros.

La decisión de la muerte de Zapata fue meticulosamente planificada.

A las momias que desgobiernan mi país, no les interesa que le levanten las sanciones económicas. Solo así podrán sostenerse hasta que desaparezcan, de forma natural, de la faz de la tierra. Esa es la verdadera política de los hermanos Castro Ruz.

Cerrar filas para mantenerse hasta el fin de sus días en el poder. La orden de ensañamiento con los opositores está dada siempre.

Una vez más, digo que, las pretendidas conversaciones entre el gobierno español y el régimen de los hermanos Castro Ruz, nada tienen que ver con los derechos humanos, ni con la posición común europea.

Si tiene mucho que ver con la deuda que tiene el régimen con los empresarios españoles que, a sabiendas del riesgo que corrían (al negociar con unos ladrones), en estos momentos se encuentran en cueros y con las manos en los bolsillos y sin perspectivas de que les paguen.

Los hermanos Castro Ruz, se pasan por el mismísimo forro, cualquier aviso, consejo, advertencia o solicitud que le haga un gobierno democrático, siempre y cuando no le hayan visto alguna ventaja a su favor. Con muertos (no importa cuantos, ni como, ni cuando) pretenden mantener las restricciones impuestas: embargo y posición común europea.

Los hermanos Castro Ruz no aceptan retos de nadie y mucho menos de una persona a la que tienen entre rejas. Son ellos los que imponen sus reglas. Es esa la forma en que han resuelto todos sus problemas, ante la tibieza de los gobiernos occidentales, a los cuales, verdaderamente, les importa poco la suerte del pueblo cubano, cuando de lo que se trata es de los bolsillos de los empresarios ibéricos y por, carácter adyacente, europeos.

La patriotería barata y el miedo al lobo imperialista, es la coartada que desde hace medio siglo enarbolan como estandarte y con lo que pretenden engañar a los pueblos del mundo. Otra vez le inventan (a la víctima) expedientes de preso común, "desviaciones" sexuales y morales, "contubernio" con una potencia extranjera. Da igual.

Tengo la convicción que el ejemplo de Zapata no caerá en saco roto. La indignación internacional hará posible que el pueblo cubano conozca la tragedia y algún día, ya no muy lejano, ese mismo pueblo ajustará cuentas a los, mal nacidos que queden vivos.

Lunes, 8 de marzo de 2010

Fidel Castro, "Abuelita" y el caso Zapata

Una vez más, el periodicucho "Abuelita", el órgano oficial del nauseabundo régimen de los hermanos Castro Ruz demuestra su desprecio por el pueblo cubano.

Incapaz de afrontar directamente los hechos, publica una "nota" de un asalariado llamado Atilio Borrón, que se hace eco de otro asalariado (Enrique Ubieta Gómez), con el ánimo de confundir a la opinión pública interna.

En la "nota", contrariamente a lo que aparece en los datos de Amnistía Internacional, el servil funcionario intenta demostrar que Orlando Zapata Tamayo nunca figuró en la lista de los prisioneros políticos.

Para el inmoral articulista el caso es sencillo: Zapata era un preso común, de larga carrera delictiva. Las intenciones de confundir son obvias. Ubieta dice que Zapata fue liberado el 9 de marzo del año 2003, pero no dice que fuera uno de los 75 detenidos, catalogados por Amnistía Internacional como prisionero de conciencia del desgobierno de los hermanos Castro Ruz. Acto seguido dice que "pocos días" después fue nuevamente detenido por unos delitos que no menciona y condenado a tres años de prisión.

Ubieta no dice que la agresividad de los funcionarios de prisiones le provocaran a Zapata un coagulo cerebral. Solo menciona mala conducta.

Como justificación, el señor Ubieta nos cuenta que dentro de la cárcel, Zapata sufre una "metamorfosis" que lo convierte en disidente político. ¡Raro, raro!

Para Ubieta, la disidencia cubana (jamás reconocida por el régimen), es prácticamente inexistente, comenzó a gestar un mártir en el año 2003, para que siete años después realizara una huelga de hambre que lo condujera a la muerte.

Dice Ubieta (al mejor estilo islamista radical) que le deben haber prometido muchas cosas, pero no se atreve a mencionar una sola de ellas (no le da la imaginación).

Más adelante, Enrique Ubieta ataca al diario El País, acusándolo de "pugnar" por un cambio de régimen en Cuba.

Gracias a Dios que existe un medio de prensa "de izquierdas" que denuncia las atrocidades de los neo-aristócratas hermanos Castro Ruz.

Ubieta, al igual que sus amos, culpa de lo ocurrido al imperialismo yanqui. Llama mercenarios a los prisioneros de conciencia que, entre otras actividades han pretendido enmendar la constitución de Blas Roca. Hace una simbiosis entre la disidencia y el aberrante embargo comercial impuesto por el gobierno de los Estados Unidos al régimen de oprobio y llega a mencionar los "600" intentos de asesinato (por desgracia fallidos) de Fidel Castro.

¡Demasiada desvergüenza para un solo articulista!

Señores Borrón y Ubieta, en Cuba sí existen cárceles secretas y aunque no está legalizada la tortura física, se practica la tortura mental y síquica. Los prisioneros son trasladados de una provincia a otra sin información previa a los familiares, que viven angustiados días y meses hasta que logran saber su nueva ubicación dentro del territorio nacional.

Detenciones arbitrarias sobran Ubieta. Por cualquier motivo. Y los juicios sumarísimos están en el orden del día de los hermanos des-gobernantes.

Nada de esto es publicado por los medios en manos del régimen totalitario.

Para el señor Ubieta, el diario El País pertenece a la prensa del Imperio.

El Imperialismo no es solamente el norteamericano. Ahora se trata del Imperialismo Occidental.

¿Será que el descocado de Ubieta piensa que el diario El País es asalariado del gobierno de los Estados Unidos?

Señor Atilio A. Borrón, Así es como se dice de a macho: Orlando Zapata Tamayo murió en huelga de hambre, siendo un prisionero de conciencia del régimen de los hermanos Castro Ruz.

Domingo, 14 de marzo de 2010

<u>Fidel Castro, las prisiones y el régimen carcelario</u>

Sobre los horrores de las prisiones y las violaciones de los derechos humanos que comete a diario el régimen de los hermanos Castro Ruz Poco se ha escrito a raíz de la muerte por inanición de Orlando Zapata Tamayo.

Es característico del régimen de oprobio, manejar las mentiras y las medias verdades (ambas tergiversadas) para convertir en delincuente común a un activista político y declararlo como hombre violento y antisocial.

Según los voceros del régimen, era por esto último que se encontraba preso.

El oscuro e infamante artículo de Enrique Ubieta es tomado como bandera por cuantos aprestan su pluma para defender un régimen agonizante y culpar al mártir de su martirio. Estos "periodistas" lacayos, que le han dado la espalda al pueblo cubano, se proclaman "conocedores" de la realidad cubana y pretenden ser los dueños de la verdad. Solo ellos, los totalitarista neo-feudalistas son los que "pueden" hablar del pueblo cubano, dentro y fuera de Cuba.

De este tema y de cualquier otro.

Los que no profesen su ideología, según ellos, no tienen derecho a expresar sus criterios y opiniones

Llevan 50 años y al parecer no han podido erradicar la lacra del pasado colonial y neo-colonial. Ya era tiempo de haber forjado al "hombre nuevo".

Ahora nos quieren hacer creer que aun persisten y acuden a teorías de conductas patógenas y otros subterfugios para justificar lo injustificable y echarle culpas al pueblo que tan miserablemente estrangulan.

Del totí debe ser la culpa del nefasto período, llamado "especial", durante el cual el régimen de los hermanos Castro Ruz dió la espalda a la juventud cubana.

¿De que ánimo solidario me pueden hablar, cuando de golpe y porrazo quedaron sin trabajo más de 200 mil cubanos en edad laboral, subsidiados con un salario de 200 pesos en moneda nacional, que equivalía a menos de dos dólares (se cotizaba en el mercado negro a 126 pesos por un dólar?

Estos cretinos de la pluma "revolucionaria" me quieren hacer creer que la culpa de la chapucería en el trabajo o el ajuste individual de salario, es robar; que el incremento de la entrada de capital extranjero y que el trabajo por cuenta propia son los causantes de los "nuevos ricos" en Cuba y que fue de esa forma que el cubano reaprendió a vivir de la explotación del hombre por el hombre. ¡Que clase de cara de guante!

El pueblo sometido a la máxima expresión puede, en cualquier momento poner en riesgo de colapso al desgobierno.

El régimen no tiene otra opción que la de cerrar filas, acudiendo a los militantes (octogenarios) de línea dura para defenderse, estableciendo y aplicando nuevas y aun más severas disposiciones y leyes, contrarias a los derechos humanos.

Escudados en que el problema de que la atención a la población penal es un asunto insoluble a nivel mundial, justifican la ausencia total de programas que contribuyan a una vida decorosa en los centros penitenciarios.

Para los hermanos Castro Ruz, el concepto de sistema penal es precisamente el aislamiento del resto de la sociedad y la degradación del ser humano.

La profilaxis del totalitarismo, se inserta en que son solamente la élite en el poder, los defensores del proyecto neo-feudalista. Considerando al ser humano prescindible, asumiendo que cualquier conducta (para ellos negativa) es totalmente inaceptable y sobre esta base aumentan constantemente la represión en los centros penitenciarios.

Acuden a subterfugios como el del "doble bloqueo" (el norteamericano y el desmerengamiento de la URSS y el bloque socialista) para justificar el deterioro del nivel de vida del pueblo cubano, que si antes del llamado período especial era bajo, hoy en día es aun peor.

Jamás mencionan la infinidad de planes económicos fallidos o abandonados por el régimen durante 50 años.

Son capaces de decir que "aun no nos hemos recuperado totalmente" como si se estuvieran refiriendo al pueblo, cuando en realidad se refieren a la crápula que desgobierna mi país. Nuestros hogares, nuestras escuelas y nuestros hospitales aun sufren y sufrirán las consecuencias de un sistema política y económicamente absurdo.

Decir que en las prisiones la alimentación se ha mantenido estable y suficiente es más que un sarcasmo en un país donde rige una libreta de abastecimientos hace cinco décadas.

Los hermanos Castro Ruz no tienen reparos en decir que en los establecimientos penitenciarios se elabora la misma dieta para los reclusos y sus custodios.

No dicen (ellos lo saben bien) que esos funcionarios de prisiones, apremiados por la escasez de alimentos que impera en el país, se llevan para sus casas los productos destinados a los reclusos y por supuesto, elaboran los mejores alimentos para consumo propio, quedando para los reclusos una dieta miserable.

Nadie muere de hambre en las prisiones de la dictadura "proletaria". Lo que no pueden ocultar es el hambre y las enfermedades provocadas por una deficiente alimentación.

De ahí, que el llamado "trato respetuoso" sea otro más de los embustes con que pretenden engañar a la opinión pública nacional y sobre todo la internacional, incapaz de imaginar en Cuba campos de concentración (al estilo nazi) en pleno Siglo XXI.

Las pocas bibliotecas existentes en algunas prisiones solo tiene materiales de propaganda neo-feudalista y totalitaria.

Existen televisores, eso sí, dado que la programación de todos los canales se encuentra controlada por el régimen.

Por tanto, la información, que por esta vía reciben los reclusos, está previamente controlada, así como los videos que permiten las autoridades carcelarias.

No me imagino para qué puedan estar implementando incluir computadoras en las cárceles, desde el momento que jamás tendrán acceso a Internet. ¡Más fácil se atrapa a un mentiroso que a un cojo!

Es falso que en el plan de vida de los reclusos existan opciones recreativas, deportivas y culturales.

Es falso que en los establecimientos penales exista la posibilidad de constituir equipos deportivos y mucho menos que compitan en juegos inter-establecimientos.

Para no ser absoluto, tengo que reconocer, que en atención a los delitos cometidos por los reclusos (siempre que estos no sean de carácter político), pueden acogerse a diversos planes de vida. Los presos de conciencia solo logran acceder a estos planes, previa renuncia escrita, de los ideales por los cuales se encuentran en prisión.

El régimen totalitario parte del principio de que el disidente político que cumple sanción, jamás podrá reinsertarse en la sociedad "socialista".

El concepto esencial radica en la intransigencia y el rigor en la perpetuación de un sistema neo-feudal y el clima opresivo que mantiene subyugada la nación, lo que presupone que cada recluso político es un peligro potencial para el régimen y éste debe esforzarse en hacerlo claudicar de sus ideas; o lo que es igual: "rectificar su error".

En Cuba, como en cualquier parte del mundo, existen presos políticos. Solo que el desgobierno de los hermanos Castro Ruz, los denomina presos contrarrevolucionarios. Partiendo de un principio macarrónico de que: "Con el sistema totalitario todo, contra el sistema totalitario nada", el desgobierno sanciona a aquellos que cometan actos (aunque sean pacíficos) en contra del régimen y su seguridad.

No tienen reparos en vincular a cualquier persona con acciones provenientes de un gobierno extranjero y cualquier acción que emprenda un ciudadano común puede convertirse en una afectación a la seguridad del sistema totalitario.

Es imprescindible señalar que el desgobierno de los hermanos Castro Ruz mantiene secuestrado los tres poderes existentes en una democracia moderna. Por tanto, es poco probable que alguna persona natural o jurídica tenga una defensa justa.

Cada año mueren en las cárceles cubanas 7 reclusos, muchos de ellos en extrañas circunstancias o "suicidados". En el año 2004 en las prisiones de la provincia de Camagüey murieron cuatro, debido a la inexistencia de personal sanitario. De ellos, tres eran evitables.

Falta por ver que los hermanos Castro Ruz se lamenten de estas muertes, que no eran precisamente presos de conciencia.

Si la opinión pública internacional se escandaliza al recibir las noticias de los abusos cometidos en Abu Grahib o Guantánamo, es de esperar que también se horrorice cuando en un país, donde el régimen imperante proclama a los cuatro vientos que no existen malos tratos en sus cárceles, muera un recluso en huelga de hambre.

El sistema totalitario de los hermanos Castro Ruz es culpable de innumerables casos de tortura mental y física, de dejar morir de frío a dementes en un hospital psiquiátrico, de infinidad de desaparecidos (a la fuerza) en el Estrecho de La Florida.

Sin embargo, una y otra vez fabrican campañas de descrédito de lo que realmente ocurre en las cárceles cubanas y se le endilgan títulos de delincuentes comunes a luchadores por la libertad. La represión brutal ha arrebatado una vida cubana más. Su prepotencia ha llevado el dolor a una madre cubana.

Pero, "el amor, madre, a la Patria, no es el amor ridículo a la tierra, ni a la hierba que pisan nuestras

plantas. Es el odio invencible a quién la oprime, es el rencor eterno a quién la ataca"

Podrá el Can Cerbero del régimen lamentarse con lágrimas de cocodrilo viejo.

Podrán los perros mediáticos, del sistema, inventar cuentos de camino en su intento por confundir a la opinión pública internacional.

Se regocijarán por los que logren confundir, acogiéndolos en su pocilga inmunda.

Se auto-complacerán y se enclaustrarán en su cochiquera totalitaria y sus justificaciones.

La muerte de Zapata les perseguirá hasta el fin de los pocos días que les restan y su memoria quedará en la historia patria.

Lunes, 15 de marzo de 2010

"Salvemos a Willy"

La política, del griego politikós, «ciudadano», «civil», «relativo al ordenamiento de la ciudad», es la actividad humana que tiende a gobernar o dirigir la acción del estado en beneficio de la sociedad. Es el proceso orientado ideológicamente hacia la toma de decisiones para la consecución de los objetivos de un grupo.

El término fue ampliamente utilizado en Atenas a partir del siglo V antes de Cristo, en especial gracias a la obra de Aristóteles titulada, precisamente, Política. El mismo Aristóteles definía al ser humano como un animal político por excelencia.

Considero que, el intento de artista llamado "Willy" Toledo es, además de un cretino ignorante, de tendencias neo-feudalistas, un oportunista más entre los estúpidos artistas y cantantes como pudiera ser el esperpento de Miguel Bossé.

Cualquiera puede ejercer su derecho ciudadano a debatir políticamente lo que le venga en ganas. Lo que no puede hacer una persona honrada, es hacerse eco de un régimen nauseabundo como el de los hermanos Castro Ruz y tildar de delincuente a una persona que han dejado morir (en huelga de hambre), sea cual fuere la causa.

Lo que se ha desatado no es una campaña contra la persona de "willy". No es el momento de gritar "salvemos a willy". Es una campaña en contra de aquellos intelectualoides ibéricos que se suman a la campaña difamatoria.

Existen en España, muchos ciudadanos que dicen trabajar en el mundo de la cultura y que no pasan de ser mediocres intentos de artistas frustrados. Esos son los que, para resaltar, se dedican a proferir comentarios políticos. De esa forma logran ver sus nombres en los medios, que de no ser por esto jamás los mencionarían.

El único lenguaje que el pueblo espera de sus artistas, es el lenguaje autóctono y comprometido con el pueblo. No el cantinflismo extravagante y cotorril de aquellos que procuran publicidad a toda costa y a todo coste.

Persona de buena fe es aquella que defiende al pueblo cubano y no a un desgobierno totalitario que ha sumido a Cuba en un estercolero.

A los firmantes de la carta, "salvemos a Willy", Alberto San Juan, Luis Tosar, Lola Dueñas, Candela Peña, Juan Diego Botto, Javier Bardem, Raúl Arévalo, Antonio de la Torre, Pilar Castro, Víctor García León, Andrés Lima,

Javier Gutiérrez, Nancho Novo, Carmen Ruiz, Sergi Peris Mencheta, Secun de la Rosa, Inma Cuesta, Diego Paris, Alfonso Lara, Roberto Álamo, Luis Bermejo, María Morales, Luz Valdenebro, Estefanía de los Santos, Eleazar Ortiz, Aitor Merino, Laura Ramos, Ramiro Alonso, Sandra Collantes, Font García Rodríguez, Manuel Baqueiro e Inma Montalá, les digo:

Es tan asesino, el que mata la vaca, como aquel que le aguanta la pata.

Domingo, 21 de marzo de 2010

Willy Toledo y donde dije "digo", quise decir "Diego"

La inmensa relevancia pública que adquirieron las palabras de "Willy" el pasado 2 de marzo y su desafortunada adhesión al régimen totalitario de los hermanos Castro Ruz, han obligado, al intento de actor, a dar unas explicaciones que nadie le ha pedido.

Ahora trata, "al vulgar delincuente", con el título de "Don" y se rectifica, diciendo que falleció en huelga de hambre emprendida contra el desgobierno totalitario. Dice no haber atacado personalmente la memoria de Zapata o sus opiniones, o su reputación.

Verdaderamente, Toledo no tiene escrúpulos.

Ya no valen disculpas.

Es tarde.

Aquellos pocos que le conocen saben de su trayectoria de oportunismo desenfrenado, en busca de cualquier tipo de publicidad.

Desde esa posición y falto de convicciones éticas y morales, intenta una vez más mezclar la magnesia con la gimnasia y justifica (lamentándose) de que una sociedad occidental (a la que dice pertenecer) tiene una lamentable incomprensión acerca de la realidad latinoamericana, como si Latinoamérica formara parte del mundo occidental.

Sr. Toledo: A mi país nadie le tiene que impartir clases de derechos humanos. Cuba es signataria de la Carta de los Derechos Humanos de la ONU, desde sus inicios.

Es el régimen totalitario neo-feudalista de los hermanos (gallegos) Castro Ruz los que se niegan a respetar esos derechos en Cuba.

No culpe ahora, de la muerte de Orlando Zapata, a los Estados Unidos y Europa. Eso es confabularse con la dictadura castrista y ofender, una vez más, la memoria de Orlando Zapata.

Si usted no sabe lo que ocurre:

¿Cómo se atreve a decir o a escribir sobre Cuba?

Hasta hace muy poco tiempo, Cuba fue española. Y sepa usted que durante la Guerra de Independencia, nadie hablaba de expoliación de recursos. Durante el medio siglo que vivimos como una República independiente llegamos a desembarazarnos económicamente de peninsulares y norteamericanos. No nos alcanzó el tiempo para desarrollarnos. Eso sí, dignidad de pueblo nos sobra, con y sin los hermanos (gallegos) Castro Ruz.

Usted habla de soledad.

¿Qué sabrá usted de soledad?

Usted habla de bloqueo.

Definitivamente usted no sabe nada de Cuba. Lávese la boca y las manos antes de referirse a mi país.

El embargo económico (que es aberrante, no lo niego), destinado para afectar al desgobierno, repercute directamente en el pueblo cubano. El problema está en que una medida de este tipo solo surte efecto en regímenes democráticos. A los totalitarios, les resbala por salva sea la parte.

Lo que se pretende, con tal embargo, es que un desgobierno totalitario y neo-feudal acepte las reglas de la democracia representativa.

Lo del contexto geopolítico y la retórica hueca es de su podrida cosecha. De injusticia y corrupción está empedrado el camino del socialismo que conocemos hoy en día.

No es que le reprochen injuriosamente haber aludido la calidad democrática de instituciones y prácticas públicas. No se trata de eso, sino del intento de comparar unas con otras. En esa materia, como bien dice no está solo. Se hace eco de la propaganda del régimen de oprobio que asfixia la nación cubana.

Estoy de acuerdo con usted, en que siendo español, se preocupe por España, por los casos de torturas y malos tratos. Como español merece todo mi respeto. Pero no extrapole, ni compare lo que sucede en España, con lo que acontece en Cuba.

Referirse al caso Zapata, fue más que una intromisión en asuntos que usted desconoce. Fue la forma asquerosa de hacerse publicidad, que es aun peor.

Déjese de palabras huecas, de subjetivismos, de valoraciones personales de su anacrónico entorno y exprésese meridianamente, como le corresponde a un ciudadano común y no a un actor de pacotilla, émulo de Tin Tan. Usted ha demostrado no tener más allá de la convicción de la popularidad a toda costa y todo coste.

Por último, le recuerdo que España es una democracia doblemente real. La primera, por que es el pueblo el que rige. La segunda, porque, es el Monarca, el representante de la sociedad REAL

Miércoles, 7 de abril de 2010

El cinismo del Lacayo

Un lacayo de los hermanos Castro Ruz se encuentra en España, invitado por organizaciones afines a la más retrógrada y extremista "izquierda" peninsular, para defender al régimen totalitario y neo-feudalista implantado en mi país hace más de 50 años.

Como si fuera un gran escritor, concede entrevistas a diferentes medios de prensa escrita, radial y televisiva, en vano intento de insignificar la perfidia de la decana de las dictaduras del planeta en que vivimos.

Ubieta hace desesperados intentos por, culpar a los Estados Unidos, de la muerte del preso de conciencia (dejado morir en huelga de hambre por los hermanos Castro Ruz) Orlando Zapata Tamayo.

¿Cual es el éxito de la Dictadura del Proletariado?

¿Por que lo dejaron morir?

Enrique Ubieta es el director de una revista que se llama "la calle del medio" (tiene poca imaginación el susodicho escritor) y también tiene un blog llamado "la isla desconocida", como si el archipiélago cubano no fuera conocido en todas partes del mundo, mucho antes del cataclismo de 1959.

Claro, el arrastra-panza lo que pretende es realizar una simbiosis entre el régimen y el pueblo de Cuba. No le sale.

Como buena plañidera asalariada, lloriqueó en las entrevistas, diciendo que Orlando Zapata se había sacrificado en ara de intereses norteamericanos.

Como si el mártir cubano no hubiera muerto confinado en las cárceles de la dictadura.

Ubieta es capaz de hacer en España lo que se prohibe en Cuba: **CRITICAR**.

Señor Ubieta: Cuba no disfruta de la muerte, eso solo le atañe a los hermanos Castro Ruz, que se regodean ante la muerte de personas inocentes.

El periodista, representante del régimen de oprobio, no se atreve a decir que Raúl Castro ha condenado a muerte al "Coco Fariñas", tras su infame discurso de clausura, de lo que va quedando de la llamada "Unión" de los Jóvenes "Comunistas" de la satrapía.

Lo verdaderamente criminal, Sr. Ubieta, es mantener encarcelados desde el año 2003, a personas, por el solo hecho de disentir del régimen y del sistema político impuesto al pueblo de Cuba.

Fariñas no pretende convertirse en nada. Solamente el hecho de enfrentarse al régimen lo convierte en héroe del pueblo cubano. El problema de Fariñas lo tiene que resolver el desgobierno de ancianos mal intencionados que pretenden estar dirigiendo el país.

Ya Raúl Castro lo dejó claro. Fariñas (si no se retracta) morirá de hambre igual que Zapata. ¿Que importa? Llevan matando de hambre, al pueblo, hace 50 años.

Al extremadamente cínico de profesión, el Sr. Ubieta, solo se le ocurre comparar a Fariñas con los cinco delincuentes (falsificadores de documentación) que se encuentran presos en los Estados Unidos.

Esos cinco personajes, además de haber sido traicionados por Fidel Castro, jamás han sido acusados de conspirar contra la Casa Blanca, como dice el mentiroso de Ubieta.

Son, solamente, cinco delincuentes comunes, travestidos en anti-terroristas por Fidel Castro, el

decano de los terroristas de este mundo.

Domingo, 11 de abril de 2010

<u>Yo acuso a aquellos que defienden al régimen de oprobio de los hermanos Castro Ruz</u>

Solo les queda comentar aquello que defiende el régimen totalitario neo-feudalista de Fidel y Raúl Castro.

Siento repulsión por aquellos intelectualoides europeos, de ideas socialistas, que de socialismo no saben otra cosa que andar llenándose de dinero los bolsillos y cotorreando por los rincones, supuestamente, en defensa de los oprimidos.

En estos días, alguien se atrevió a empuñar la «pluma», luego de traducir y reproducir los textos que le enviaban, para escribir su opinión sobre un mártir del pueblo cubano.

¿Quién o quienes le enviaban los textos?

¿Por qué deliberada razón comparan a Orlando Zapata con el asesino de ancianas Guy Georges?

¿Será porque era tan mulato como Zapata?

Desde el momento en que Zapata no era, ni se

encontraba encarcelado por asesino:

¿Algún problema racial?

Utilizando el punto y seguido se refiere al rostro doloroso, que le recordó al asesino y siempre con punto y seguido, de por medio, califica la mirada de fija y febril, dejando a la imaginación del lector que la mirada sea la de un asesino o la de un disidente muerto en huelga de hambre. Luego de semejante comparación, se atreve a decir que no le importa la cuestión política. Mucho más le interesa "su humanidad destruida".

¿De cual de los textos recibidos, sacó el dato de "violencia" que le endilga a Zapata sin más consideración?

¿Por qué impúdica razón, acusa de crucificador de su madre, a Zapata?

José Julián Martí y Pérez, a la edad de 16 años, un 21 de octubre de 1869, ingresó en prisión y desde allí le envió una foto a su madre con los siguientes versos escritos por él:

Mírame, madre,

Y por tu amor, no llores:

Si esclavo de mi edad y mis doctrinas

Tu mártir corazón llené de espinas,

Piensa que nacen entre espinas flores

Usted no conoce, ni tiene la más mínima idea de quién es el pueblo cubano. Usted solo conoce a la crápula que desgobierna mi país desde hace más de 50 años.

Una dictadura totalitaria que estrangula y en vez de desarrollar al país, lo somete a un subdesarrollo despiadado, utilizando como coartada el embargo aberrante impuesto por los Estados Unidos. ¿No le da vergüenza decir semejante disparate?

Con la abominable y premeditada muerte de Orlando Zapata Tamayo queda demostrado el "humanismo" del régimen totalitario.

En Cuba, la justicia está encarcelada.

¡Basta ya de comparaciones! Céntrese en el caso. No se vaya por las ramas.

¿Acaso lo que la señora aspira para el mundo es una dictadura totalitaria?

¿Les está pidiendo a los hermanos Castro Ruz que sean magnánimos?

¡Que sabrá usted del sufrimiento del pueblo cubano! No hay peor ciego que el que no quiere ver como la dictadura ha estrangulado la vida de los cubanos año tras año.

No sea arrogante y prepotente. Dedíquese a escribir sobre los males que aquejan a su país. No le haga propaganda a un sistema de corruptos y ladrones.

¿Cuánto le pagan por emborronar cuartillas?

¿Vacaciones en la cayería norte o en la sur?

Efectivamente, usted tiene mucha razón: El desgobierno de los hermanos Castro Ruz no hizo nada para evitar la muerte de Zapata.

La locura senil que padecen los octogenarios des-gobernantes, les impidió ver lo inconveniente de esa muerte.

¡Que manera de verborrear! Aznar por aquí, Zapatero por allá, que si Chávez, o el franquismo y la ETA.

Hasta el fantasma de Santiago Carrillo, que si los fascistas, que si el aborto..., para tratar de explicar lo inexplicable:

Haber dejado morir de hambre a un preso de conciencia.

Por último, y con una desvergüenza asqueante, se atreve a insinuar que Orlando Tamayo fue incitado al suicidio.

Que manera más burda de tergiversar los hechos.

¡Que poder, que fuerza y que pujanza debe tener la disidencia en Cuba, para traspasar las barreras de las prisiones del régimen y fabricar un mártir!

Ian Fleming no hubiera tenido tanta imaginación.

No insinúe. Demuestre como fue que se organizó, en Miami, la huelga de hambre.

Si eso fuera cierto, al régimen de los hermanos Castro Ruz, le queda, el tiempo que dura un merengue a la puerta de un colegio.

No se enfade, que a sus años no es conveniente. Usted, que es tan monstruo como aquellos a los que defiende, tan a lo descarado, no tiene sentimientos ni corazón.

Usted, que odia tanto el capitalismo:

Váyase a vivir a Cuba.

Pero, sin prebendas del régimen. Como un cubano de a pie más. Con libreta de abastecimiento y salario de 250 pesos mensuales. Sin remesas del extranjero (no vaya a ser que la acusen de mercenario al servicio del imperio).

Sin tener derecho a hacer traducciones. Trabajando de albañil, pero no en una de las tantas brigadas de respuesta rápida del régimen, en una empresita cualquiera del régimen en una provincia bien lejos de la capital.

¿Sabía usted (que tanto sabe de mi país) que el Cacique Hatuey (oriundo de La Española), no era cubano?

¿Sabía usted que luego de la entrada de negociantes españoles (digo empresarios a riesgo) a Cuba, a partir de 1993, la historia del famoso Cacique fue revisada? El desgobierno de los hermanos Castro Ruz recompuso la historia y..., Hatuey murió de muerte natural, nombrando herederos perpetuos, a los españoles que tanto le ayudaron.

Una aclaración: Haití dejó de ser francesa hace muchíiiiiiisimo tiempo. No trate de promover a la actualidad, lo que ocurrió hace siglos.

Orlando Zapata es tan cubano, como el fallecido General Sió Wong.

Los conceptos tribales que aun subsisten en Europa, hace ya muchos años desaparecieron del país que usted dice conocer.

Definitivamente, usted está del lado de la cochina represión.

Domingo, 28 de marzo de 2010

La "pesadilla cubana" de trabajar sin producir por décadas

Aun cuando el régimen totalitario se empeña en proclamar que su economía crece, el costo humano de la dictadura del proletariado aumenta y 200 mil cubanos continúan subempleados, sin ahorros y acercándose al término de un sistema improductivo.

Son los proletarios engañados. Personas que confiaron sus sueños a un líder de pensamientos descabellados, pero que prometía el paraíso en la tierra.

La seguridad social, prácticamente inexistente, está evidenciando graves tensiones en una sociedad envejecida

Las empresas pasan a ser propiedad de inversores extranjeros que, como son los que aportan los recursos (dólares) mandan y procuran ganancias rápidas. Lo logran yendo al 50% con las empresas del desgobierno controladas (en casi su totalidad) por una "dirección" de las Fuerzas Armadas.

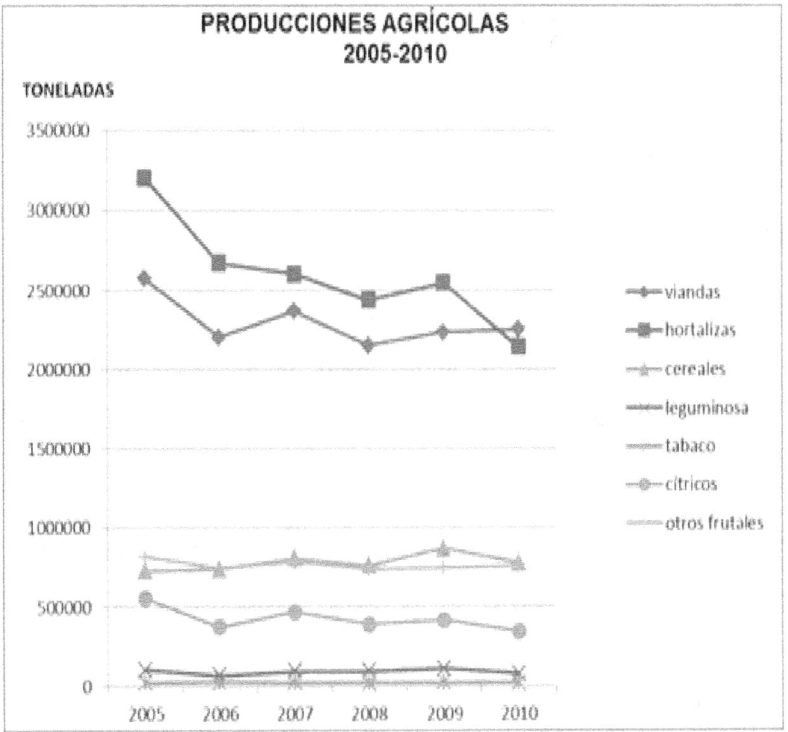

Elaborado por la Oficina Nacional de Estadísticas Cuba 2011

Los sindicatos obreros (que no representan a nadie) no tienen autorización para mantener filiales en las referidas empresas. De ser sindicatos serios, alguna esperanza tendrían los trabajadores.

Tres sectores han apuntalado al régimen: El azúcar, el turismo y la minería. Pero el azúcar va de mal en peor, luego de que durante 50 años se haya empeñado (el régimen) en destruir la única verdadera industria que tenía el país.

El turismo se ve limitado a Canadá y algunos países europeos que pese a los altísimos precios existentes en Cuba, continúan visitando la isla, solo por el morbo de presenciar los restos de un pretendido proceso social en extinción.

La minería crece en las ramas del níquel y el petróleo. Está aun por ver si los socios capitalistas continúan con sus empresas (a riesgo) o se retiran por falta del cumplimiento de las obligaciones del desgobierno.

En una economía de mercado, un régimen que gasta más de lo que produce está condenado al fracaso

Lunes, 29 de marzo de 2010

<u>Medias mentiras, mentiras y desinformación del régimen de los hermanos Castro Ruz</u>

Se encuentran presos, en Cuba, más de 200 personas acusadas de ser mercenarios al servicio del Imperialismo.

El régimen de los hermanos Castro Ruz intenta, utilizando mentiras, medias mentiras y mucha desinformación, comparar las penas establecidas en los códigos penales de Estados Unidos, España, Francia e Italia, con las penas impuestas a los presos políticos cubanos, en un vano intento por justificar su encierro y descalificar a la prestigiosa organización Amnistía Internacional, que califica a algunas de estas personas como presos de conciencia.

¿Donde están las mentiras, las medias mentiras y la desinformación?

Debemos recordar que ninguno de los presos ha sido acusado o penado por crímenes políticos. Les han aplicado una mentira (¿legal?) de cometer delitos contrarrevolucionarios. Han sido acusados de colaborar directamente con el gobierno de los Estados Unidos, para los cual (dicen) han utilizado diferentes medios. He aquí la primera mentira.

Si los supuestos contrarrevolucionarios utilizan "diferentes medios", no están colaborando "directamente" con el gobierno de los Estados Unidos

Inmediatamente después de utilizar esta mentira des-informativa, acuden al subterfugio del aberrante embargo económico, como media mentira. Nada dicen en relación a las graves privaciones que sufre la población cubana debido a la degradante gestión económica llevada a efecto durante 50 años por un desgobierno totalitario déspota, ladrón y opresor.

Continúan haciendo comparaciones extemporáneas (con terroristas) en su intento des-informador que nada tienen que ver con nuestros pacíficos disidentes, los cuales jamás han utilizado la violencia en sus manifestaciones.

Sin aclarar cual es el nexo de éste señalamiento con los disidentes, que no sea la desinformación, los hermanos des-gobernantes acuden al tema de la ocupación de la Base Naval norteamericana de Guantánamo, para acto seguido afirmar que los disidentes del régimen de oprobio no tienen "nada que ver" con "la libertad de expresión", sino con la colaboración con una superpotencia extranjera enemiga.

Inmediatamente acuden al Código penal de los Estados Unidos que prevé una pena de 20 años para quién preconice el derrocamiento del gobierno o el orden establecido.

Nuestros disidentes proponen cambio de sistema. Jamás se han pronunciado por un derrocamiento del gobierno, aunque esté implícito. Han intentado modificar (no derrocar) el orden establecido, utilizando la propia Constitución inventada por la dictadura.

Nuestros disidentes no han emitido declaraciones (ni verdaderas, ni falsas) que afecten las relaciones del régimen con ninguna otra nación. Tampoco han mantenido correspondencia o relación con un gobierno extranjero con la intención de influir en su conducta, respecto a la tiranía de los hermanos Castro Ruz.

Todo lo anterior no es otra cosa que infundios que intentan (sin conseguirlo) engañar a la opinión pública nacional e internacional.

Tampoco es el caso español para aquellos que mantengan relaciones de inteligencia con gobiernos extranjeros con el fin de perjudicar la autoridad del Estado o comprometer la dignidad o los intereses vitales.

Nuestros disidentes jamás han tenido relaciones de "inteligencia" con gobierno extranjero alguno. Por tanto no han podido comprometer la dignidad (¿qué dignidad puede tener una dictadura?) o los intereses del régimen.

Nuestros disidentes nunca se han alzado violentamente para derogar, destituir o suprimir las atribuciones que se tomó, por la fuerza, Fidel Castro hace más de 50 años.

No es cierto que en Italia se sancione con pena de 3 y 10 años al ciudadano que reciba (incluso indirectamente), del extranjero, dinero o cualquier artículo, con el fin de cometer actos contrarios a sus intereses nacionales. Es tan falso que son incapaces de citar la fuente de donde (supuestamente) obtuvieron los datos. Infiero que sea una más de sus mentiras diversionistas. De lo que si puedo dar fe es que nuestros disidentes jamás se hicieron propaganda de prensa, radial o televisiva, en relación a como obtenían la ayuda financiera, que recibían de organizaciones no gubernamentales.

En los países mencionados, los disidentes cubanos hubiesen tenido derecho a una defensa no parcializada, puesto que en mi país, al estar subyugados por la tiranía, los tres poderes del Estado, la defensa de cualquier persona se ve reducida a una mera representación teatral.

El "investigador" Salim Lamrani, es un lacayo del régimen de los hermanos Castro Ruz y no merece la tan cacareada "seriedad" que dicen los medios controlados por el desgobierno impuesto al pueblo de Cuba.

El señor antes mencionado no es quién para criticar el trato hacia el régimen de los hermanos Castro Ruz, de una organización como Amnistía Internacional, reconocida por su profesionalidad y su imparcialidad.

Salim Lamrani es, en todo caso, profesor de Neo-feudalismo Totalitario, que considera delincuentes a los disidentes vilmente encarcelados en Cuba. El trasero de Lamrani habla por su boca. Sin ofensa.

Miércoles, 14 de abril de 2010

Un cobarde en 59 Segundos

En el salón de protocolo del estudio de televisión, Enrique Ubieta estaba preparando la defensa de los decrépitos ancianos Castro Ruz en compañía del ignorante Willy Toledo. Se sentía satisfecho. Le estaban dando la oportunidad, en un país libre de expresar las opiniones de sus jefes (no las suyas). A cualquier persona, de adentro o de afuera, esa misma oportunidad le está vedada en Cuba.

Minutos más tarde llegó el abogado defensor de la tiranía de los decrépitos hermanos Castro Ruz, el miembro del Partido Comunista español, el otro Willy, de apellido anglosajón. Hizo su entrada, al salón junto a Pedro Zerolo del PSOE.

Al pobre Zerolo, que no le quedó otra alternativa que respetar la política de la "Alianza de Civilizaciones" promulgada por el líder de su partido político y Primer Ministro de su Majestad, el Rey Don Juan Carlos. Mucho antes de comenzar el programa, ya estaba diciéndole al otro Willy y a Ubieta, que le resultaba difícil la defensa de una posición de diálogo, cuando el régimen de los hermanos Castro Ruz actuaba de la manera que lo hacía.

Zerolo, al igual que Zapatero, quiere que las personas interioricen, que ellos quieren decir mucho, pero no dicen nada.

¿Es a eso que los españoles llaman "talante"?

No sé que le respondieron el otro Willy y el del "burrito" (con escopeta y todo).

Aun para degenerados de tanta experiencia ante tamaña incongruencia es difícil responder.

No pretendo buscar palabras que no resulten ofensivas

Son unos degenerados y "punto pelota", como dice una famosa de la T.V. española.

Moragas entró de último.

A Ubieta le disgustó. No le dio la oportunidad de "enseñarle las cartas". Desde el inicio del programa se le notaba nervioso. Necesitaba hacer un buen papel, para continuar recibiendo prebendas a su regreso a Cuba.

La iba a tener difícil.

Parecía un periodista aficionado. Hasta los actores, que participaban en el programa, sin ser periodistas ni políticos lo hicieron mejor que él.

La cobardía (de Ubieta) era tanta que se molestó por que hubiesen sentado a Zerolo a la izquierda, como si el Partido Socialista Obrero de España fuese de derechas.

Lo que sucede es, que es la otra izquierda. No la de Ubieta. Hubiera preferido permanecer al lado del abogado. Del otro Willy. Seguramente fue hecho con mala intención.

"Los capitalistas" son así de calculadores.

Lo habían situado entre un opositor del régimen totalitario y una actriz. Por cualquiera de los dos lados se sentía nervioso.

Lo más probable es que la actriz fuera una "carnada de la CIA" para comprometerlo. Que la actriz hubiera firmado una condena al régimen de sus jefes era lo de menos, pero no debía mirarla, para evitar problemas con la Contra Inteligencia.

De lo nervioso que estaba, hasta el público le molestaba. Eso se lo habían advertido.

No es el mismo tipo de público que asiste a las mesas "retontas" que a diario trasmiten por la televisión del régimen neo-feudal.

Militantes del Partido Fidelista y su cantera. Ese "público" obligado a participar (como tarea partidista) y al cual se le incluye "un mérito" en la evaluación anual.

Ubieta se sintió feliz cuando escuchó decir, al público, que habrá un combate de gladiadores. Soñaba (despierto) con el coliseo romano y él, de frente para el Cesar caribeño, diciendo la famosa frase: "morituri te salutant".

Como todo programa de televisión, tiene imágenes editadas, que, supuestamente, los participantes han visto con anterioridad. No es el caso de Ubieta.

No lo habían dejado ver (la policía política del régimen totalitario) las intervenciones de Vargas Llosa, ni de Montaner. Al cobarde intranquilo, le temblaban las manos, pero no era miedo escénico.

Era, en buen cubano, pendejismo. Solo le habían comunicado la última parte, donde Vargas Llosa dice que el régimen está en su fase final.

Seguramente se preguntaba interiormente, que responder a eso, cuando es obvio que los octogenarios se encuentran a un peldaño de la muerte. Y el régimen de oprobio con ellos. Se siente molesto. Moragas fue tajante. Zerolo, muy a su pesar (a pesar de Ubieta) reconoce que el régimen de los hermanos Castro Ruz es una dictadura (y no la llama del proletariado).

Los dos Willys (ni que fueran jeeps de fabricación en

serie) se van por las ramas. Comparaciones absurdas. A eso el pendejo le llama jabs al estómago.

Señor periodista: El "Jab" es un golpe que se utiliza, en el boxeo, para mantener la distancia, para iniciar una combinación. Es un golpe de engaño, para una acción posterior. Se utiliza para preocupar al rival. No es recomendable utilizarlo en dirección al estómago. Pero bueno, usted mismo lo ha dicho. Los dos Willys, con sus absurdas comparaciones, estaban haciendo eso: Engañar a los espectadores. Pre-ocuparlos con algo que no tiene nada que ver con lo que sucede en mi país. Muy lejos estuvieron de propinar golpe alguno. Todo lo contrario. Dejaron la mala impresión del que defiende a ultranza, una causa injusta.

Varios de los participantes les recuerdan que se está debatiendo sobre la situación imperante en Cuba.

Ahí es cuando le dan la palabra a Ubieta, que comienza a cantinflear, poco más o menos con las características de los Willys. Se justifica. No le alcanza el tiempo. Trastabillea. Quiere explicarse. No puede. El "imperialismo" le da la palabra a Moragas cada dos intervenciones.

Para justificarse ante sus amos, dijo que Moragas se desmorona. Lo que apreciamos fue un gesto, como el que busca paciencia. Imprescindible para soportar las imbecilidades de los dos Willys y el cretino totalitario.

Para ser honesto, debo decir que los opositores, invitados al programa, no estuvieron a la altura.

No obstante, sus intervenciones fueron claras y precisas. Contrastaban bastante con la verborrea diversionista de los Willys y comparsa.

Definitivamente los Willys se quedaron por debajo. Que decir de Ubieta. El pobre hombre. Desacreditado.

Esos son los cretinos útiles que utiliza el desgobierno. El día menos pensado lo desaparecen del mapa

La actriz, definitivamente es de la CIA o, mejor dicho, de la inteligencia española al servicio de la CIA. Le llama dictadura al régimen para congraciarse con Moragas, pero le hace señas a Ubieta y, "sin querer" le roza la pierna izquierda. La mirada despreciativa es provocadora... La coordinadora le ha dicho a Ubieta que le resultó muy difícil, encontrar personas que estuvieran dispuestas a escuchar más de lo mismo en defensa de una satrapía inmunda.

Los Willys y Ubieta, en su emulación totalitaria, a ver cual de ellos dice la mentira mayor, continúan tergiversando. En lugar de hablar sobre el problema de Cuba y el régimen tiránico que la desgobierna durante más de cincuenta años, hablan de Franco, de Chávez, de

Honduras (ni ellos mismos se acuerdan de Zelaya), del embargo, que los tres (a una) le llaman "bloqueo".

Moragas hace acopio de paciencia. Le dice a Ubieta. "Tu, que escribes para Abuelita", le llamó Granma (en inglés), "ve a ver si en ese periódico le dan posibilidades de discrepar del partido a algún opositor". Esa fue una estocada magistral. Nuevamente Ubieta se va por los laureles del enemigo. Sin proponérselo, Ubieta reconoce que no es periodista.

Se llama, a sí mismo, comunista. Ya no sabe ni lo que dice. Los nervios lo traicionan.

Se queja, plañideramente, de que le restringen la libertad de expresión. Es la libertad que en Cuba le es prohibida al pueblo cubano.

Le dio una entrevista a la cadena SER, de una hora de duración. Su intervención fue tan repetitiva y argumentó con tantos ejemplos que nada tenían que ver con el caso cubano, que la entrevista solo dio para tres brevísimos cortes que no llegaron al minuto. Luego, tres comentaristas estuvieron media hora mofándose del no-periodista ignorante.

Todo se vuelve justificación.

La justificación es el pretexto de los fracasados

Como buen totalitario, los únicos que tienen totalmente la verdad, son ellos. Los otros somos, cuando mejor nos tratan, "contrarrevolucionarios".

¡A mucha honra!

Fue tan desastrosa la intervención de Ubieta, en 59 segundos, que los medios nacionales españoles, que habían concertado entrevistas para después que finalizara el programa, cancelaron.

Ubieta miente tan mal, que se contradice constantemente.

Primero dice que ha concedido entrevistas.

Luego dice que en los periódicos para los que escribe Moragas, todos están editorialmente obligados a escribir régimen, por gobierno, cuando de los hermanos Castro Ruz se trata.

Aquello en realidad es un des-gobierno, pero no es políticamente correcto escribir de esa forma y se le da un trato menos ofensivo.

La línea editorial es una política predeterminada por la dirección del vehículo de comunicación o por la dirección de la empresa. Ella indica sus valores, apunta sus paradigmas e influencia decisivamente en la construcción de su mensaje.

Ubieta, acostumbrado a los medios controlados por un sistema totalitario, donde todas las líneas editoriales son comunes, no entiende que un periódico de extrema izquierda, como "Público", le conceda una entrevista "light" y una televisora de centro lo ponga contra las cuerdas y no le permita los consabidos subterfugios.

Cuando le toca la entrevista a Fariñas, la moderadora, que al contrario de Randy Alonso, no dedica todo su tiempo a estos menesteres, se confunde y le pregunta por que motivos se encuentra preso.

No olvidemos que Zapata muere, prisionero de conciencia, en huelga de hambre.

Miente descaradamente Ubieta al decir que no se vio la cara de desconcierto, de la presentadora, en la edición posterior. Si se vio. Y la debe haber pasado muy mal. No estaba bien preparada.

Zerolo le da la estocada mortal a Ubieta, cuando dice que los ejemplos que los dos Willys, y el mismo, plantean no son procedentes, desde el momento en que, en Cuba, no existe un régimen democrático. El sistema político impuesto a Cuba por los hermanos Castro Ruz no es un Estado de Derecho.

El cobarde comete el error (imperdonable) de decir que, de ser así como dice Zerolo, el régimen de los hermanos

Castro Ruz pudiera ser derrocado por la fuerza y una coalición de estados pudiera acometer dicha empresa.

La farsa de constitución, copia (Blas Roca fue el copista) fiel de las constituciones de la ex-URSS y demás países ex —socialistas no fue aprobada en plebiscito democrático. Imperaba la tiranía de los hermanos Castro Ruz. Eso no es democracia. A partir de ese punto de vista, es imposible dialogar con una persona que no quiere escuchar, sino imponer su mal intencionado criterio.

Zerolo y Moragas son demócratas con puntos de vista diferentes en cuanto a desarrollo de la sociedad se refiere. Ubieta sirve al amo que le da huesos a roer.

Los Willys no se saben lo que son. Para terminar este artículo, debo decir que, después de vivir más de 40 años bajo una dictadura totalitaria, neo-feudalista, prefiero ser de extrema derecha, antes que pronunciarme a favor de un partido político que, en democracia, ostente el nombre de socialista. Aun, cuando del socialismo que se trate no tenga nada que ver con el engendro que surgió en 1917 en la Rusia de los Zares y que aun persiste en mi querida Cuba.

Lunes, 26 de abril de 2010

<u>Fidel Castro y Santiago Carrillo</u>

Que alguien de poco nombre y larga vida, de tenebrosos momentos (que no fueron pocos) defienda al régimen de los hermanos Castro Ruz, como acaba de hacer Santiago Carrillo, no es casualidad. Es una mueca senil que no merece pasar sin un comentario.

Raúl y Fidel Castro Ruz gozan de la "solidaridad" de unos cuantos deshonestos y arbitrarios que andan por todas partes.

Aun cuando el régimen totalitario se encuentra en una prolongada y agónica fase terminal, esa defensa se hace a ultranza, como si pudieran realizar el milagro de resucitar al muerto en vida.

No obstante, los medios de comunicación de países democráticos, permiten que estos pijos comunistas expresen su opinión, aunque el personaje sea tonto del culo.

La agencia DPA, desde Madrid informa que el desteñido ex dirigente comunista español (Santiago Carrillo) responsabilizó a Estados Unidos de la situación política del régimen de los hermanos Castro Ruz. El anciano (Carrillo) hizo esa declaración desde España (un país «democrático»), durante la presentación de su último libro.

Dice (Carrillo) que los E.U. son los responsables de la dictadura totalitaria neo-feudalista. "He pensado siempre que si no hubiera habido Bahía de Cochinos y el embargo (dijo bloqueo) Cuba sería hoy un sistema democrático".

¡Ay! Carrillo: ¿A estas horas y con ese recado?

La Dictadura del Proletariado se hizo para garantizar el poder de los funcionarios del régimen de oprobio y solo a ellos les corresponde impedir que alguien se atreva a contrariar los despropósitos del Primer Secretario del Partido "Fidelista". Ellos, ya lo dijo Raúl Castro, se encuentran parapetados y nada, ni nadie, va a menguar el sentido de funcionamiento totalitario ni permitirán que alguien se atreva a salir en su defensa, aunque sea de buena voluntad.

Además, si los hermanos Castro Ruz no actuaran así, ya hiciera mucho tiempo que aquello hubiese desaparecido como sistema, porque es un sistema que no sirve al pueblo, sino a la crápula en el poder.

Los hermanos Castro Ruz son condenados en todas partes del mundo, por ser dictadores vitalicios, no porque sean mansos corderos.

Si Fidel Castro hubiera cedido, si hubiera dado algún paso hacia la democracia, tal vez la historia pudiera absolverlo.

Por el contrario, se parapeta, ostenta su trono y predice el fin del mundo, mientras desprecia y oprime al pueblo cubano.

En medio de semejante terquedad senil, no les interesa que otro anciano fracasado tenga un gesto de defensa, sobre todo, desde posiciones que comulgan con el sistema democrático del mundo libre.

La condena al sistema totalitario neo-feudalista es tan fuerte y la moral con que se sustenta es tan grande que los hermanos Castro Ruz ya no intentan engañar a la población cubana.

Las prometidas reformas y los planes han pasado a un segundo o tercer planos. Es la hora de "parapetarse" y para eso le imponen al pueblo, más sacrificio.

¿Será posible?

Si en algo Carrillo está claro, es que en Cuba no hay democracia.

Lo del embargo sería bueno. Basta que el Congreso de la Unión Norteamericana lo levante (algo bien difícil manteniéndose en el poder los hermanos Castro Ruz).

Bahía de Cochinos no tiene arreglo: la derrota de las fuerzas democráticas provocó que el pueblo cubano esté sufriendo una de las dictaduras más crueles (por no decir la más cruel) que hayan existido en el planeta Tierra. Aquella derrota aseguró el poder a Fidel Castro y a la vez, redujo brutalmente, a la obediencia, al rebelde pueblo cubano.

Mi pueblo tiene derecho a vivir como vive cualquier hijo de vecino fuera de Cuba, pero el embargo forma parte de la estrategia del sistema totalitario.

Sin el embargo, los hermanos Castro Ruz no tuvieran a quién culpar de todos los desastrosos planes económicos por ellos planificados.

Mi pueblo tiene derecho a vivir en democracia representativa, no en el vasallaje neo-feudal y no, a enriquecer y perfeccionar un sistema fallido (ya obsoleto) de más de cincuenta años de explotación del cubano común por los funcionarios del régimen.

De manera que, Santiago, no te bastó con que te arrancaran las tiras del pellejo cuando aceptaste la transición española. Por ahora y, tal vez por respeto a tus tantísimos años, no te han mandado a la mierda.

Sábado, 1 de mayo de 2010

La Teoría del Catastrofismo y los Médicos Esclavos

Aquellos que respaldan el catastrofismo de Fidel Castro consideran que se viven "días difíciles". Otros dan crédito a las teorías sobre el "exceso de habitantes en el planeta". Peor aun, son los que ya dan por muerto, al mundo en que vivimos.

Son los países, que hoy en día emergen (China, India, Brasil), los que nos muestran que, el exceso de población no es freno al desarrollo. La pregunta que se impone es:

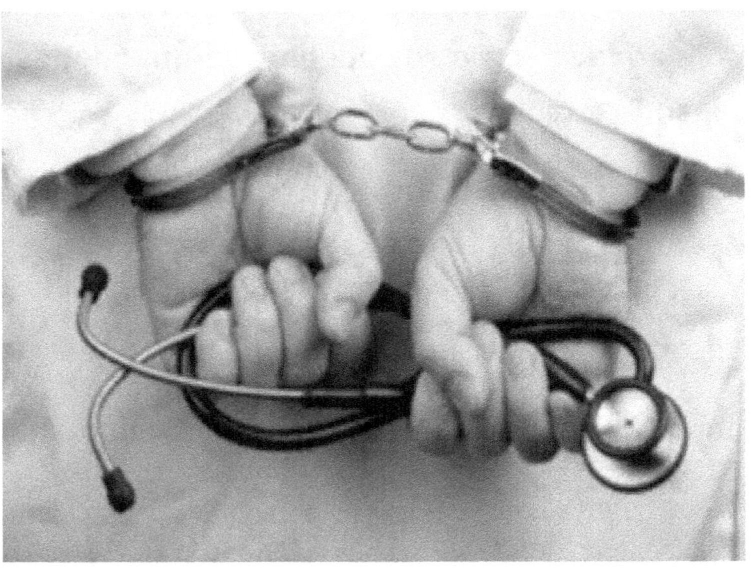

¿Cómo elevar el nivel de vida de la población, al punto de que no exista una diferencia abismal entre ricos y pobres?

No se trata de dejar de multiplicarnos o de vender mano de obra barata. Tampoco es serio utilizar el consabido slogan del "consumismo sin límites".

Distorsionar la realidad, de esa forma, solo puede ocurrírsele a los mal intencionados líderes del totalitarismo neo-feudalista

Son aquellos que, en "aras" del bienestar de sus pueblos los conducen hacia una dictadura que gradualmente los vuelve más miserables, mientras que la crápula en el poder mantiene un nivel de vida, que solo algunos jeques petroleros son capaces de exhibir sin que les cause vergüenza.

La "solidaridad" con otros pueblos del mundo, es solo propaganda totalitaria.

El régimen de los hermanos Castro Ruz es un antónimo de esperanza para la vida; ese es el objetivo central de la estrategia neo-feudal. Aniquilar a todo el pueblo, antes que reconocer el fracaso.

La teoría del cambio climático les viene como anillo al dedo.

Desenmascarar la propaganda del régimen neo-feudal de los hermanos Castro Ruz es imprescindible. Los programas que pretenden elevar los niveles de salud, son otro más de los engaños.

Con médicos no se eleva el nivel de salud. Solo con la producción de bienes de consumo, es que se logra. Los médicos lo único que hacen es diagnosticar enfermedades y, si no carecen de medicinas, intentar curar. Pero el mal no es la enfermedad, sino la causa. Y lo que causa la enfermedad no se resuelve con médicos y medicinas.

La situación económica, imperante en la isla, es tan catastrófica, que los Estados Unidos no se plantean una intervención militar. Las últimas dos generaciones de cubanos (nacidos después de 1959) emigran en masa, incluyendo a los hijos y nietos de lo más rancio de la dictadura.

Para desgracia de los desgobernantes, no son "contrarrevolucionarios", tampoco son "disidentes". Son los hijos y nietos de la frustración.

Yoanis les llama "La generación Y".

Verdaderamente se les debe llamar "Las Generaciones F".

La "F" de FRUSTRACIÒN.

Los estrategas totalitarios saben que las promesas que hicieron hace 50 años no se han cumplido.

Una pregunta de orden: ¿Quién aspira a vivir en las

condiciones en que vive un haitiano? ¿Quién aspira a vivir en las condiciones que vive un indio boliviano?

Son pocos los jóvenes cubanos que aspiran a vivir en esas condiciones. Digo más: Son pocos los jóvenes cubanos que aspiran a vivir como un pobre, sea éste griego, portugués o español. Y que conste que los pobres antes mencionados tienen muchísimas mejores condiciones de vida que el cubano promedio dentro de la isla.

Los médicos cubanos que trabajan, como esclavos, en el exterior son el mejor ejemplo.

El gobierno portugués le paga al régimen totalitario 2 mil euros mensuales por cada médico. De esa cantidad, los galenos cubanos reciben 400 euros.

Pero: ¿En que condiciones viven esos médicos? ¿Por qué aceptan calladamente ese trato vejatorio?

En primer lugar, porque no pueden viajar a "los países" con sus respectivas familias. Son obligados a permanecer separados durante años. Nuestros médicos aceptan, no solo la separación. Aceptan vivir en comunidad. Aceptan no salir, a no ser en grupos. Grupos vigilados por un médico informante de la policía política. Aceptan no mantener vínculos. No vínculos con la población del país que sea (está implícito). Vínculos con los otros grupos de médicos cubanos, que laboran en el mismo país y que escasamente se encuentran a pocos kilómetros de distancia entre ellos.

Aceptan, porque sus familias recibirán, durante el tiempo que se encuentren en "misión", un dinero que les permitirá, tal vez no a vivir como personas, pero al menos comprar productos, que sin los euros, sería imposible adquirir.

Mientras tanto, los médicos portugueses, consideran que el trato que reciben sus colegas es infrahumano. Que los médicos cubanos, al no integrarse a la sociedad, para la que supuestamente trabajan, no responden a los intereses de la clase trabajadora y representan lo peor de un gobierno democráticamente electo.

La diferencia entre un médico cubano y cualquier otro, se puede resumir en que, mientras que todos trabajan, mucho más de ocho horas diarias, los cubanos reciben por su trabajo mucho menos que sus "colegas". Para los totalitaristas eso se llama "altruismo". Para el resto de la humanidad es, explotación del hombre, por un régimen político despiadado.

Estos "dirigentes" neo-feudales, se consideran el ombligo del mundo subdesarrollado. No son más que vividores, a costa del sudor del proletariado, en un país donde once millones de cubanos hacen esfuerzos desesperados para comer en la segunda quincena de cada mes. El sistema impuesto por los hermanos Castro Ruz es así.

Todavía nos encontramos con izquierdistas europeos que piensan que el problema radica en la falta de acción de la oposición interna.

Se ve perfectamente que jamás han vivido una dictadura totalitaria. Otros se creen el cuento de que los opositores son delincuentes reclutados para sabotear.

Se resisten a creer que existan personas que disientan.

Personas que una vez fueran activos militantes del sistema y que hoy pidan (más que exigen) reformas, a las cuales muchos de ellos no llaman ni democráticas. Tan solo reformas. Tal vez la mayoría de ellos jamás haya pensado, tan siquiera, en la posibilidad de una desestabilización del régimen actual.

¿Cuál es la mentira? ¿Lo que dice la bloguera? ¿Es mentira que murió un preso en huelga de hambre? ¿Es eso una campaña de gran intensidad?

No. Es un escándalo provocado por el propio régimen, que les importa un pito el bienestar del pueblo cubano, al que trata como si fueran corderos que pudieran ser esquilmados año tras año.

Se ve a las claras que la democracia y los derechos humanos nada tienen que ver con el régimen de oprobio.

Que en realidad son capaces de hundir a la isla en el mar, antes de reconocer que son unos fracasados.

Que son capaces de gritar Patria o Muerte, Venceremos, pero la patria es tan solo para la crápula dirigente, mientras que la muerte es día a día para el pueblo cubano.

Los mismos dirigentes que hace 50 años se hartaron de hacer promesas, hace dos años prometieron reformas.

¿Continuamos esperando?

No me cabe la menor duda que la pieza clave de la estrategia global del sistema de dictadura totalitaria neo-feudalista para sumir al continente americano en el oscurantismo y la represión más despiadada es, la unión de los gobernantes que utilizan, como bandera, al fracasado régimen de los hermanos Castro Ruz.

Mucha propaganda de generar conocimientos.

Cero producciones de bienes materiales.

Generar ciencia, pero anquilosar al hombre.

Generar propaganda de solidaridad para entrometerse

en los asuntos internos de cada país.

Explotar sin piedad al pueblo que dice defender.

Derrochar el dinero de la nación para el disfrute de la crápula gobernante y sus familiares.

La simple imposición de una dictadura egoísta y ego centrista, es la única forma de alcanzar el éxito. Perpetuarse en el poder a toda costa y todo coste.

Eso es, contra lo que tenemos el deber de luchar. Demostrar al mundo entero, el fracaso económico del sistema totalitario.

Hacer ver que esa no es la vía para acabar con la explotación del hombre por el hombre, sino todo lo contrario.

Los intereses totalitarios se ven favorecidos por las actitudes protectoras de izquierdistas «sin fronteras», remanentes de los conceptos que alguna vez fueran ideas socialistas. Se dan cuenta que la unidad alrededor de estos sistemas les permite hacer, lo que son incapaces por sus propios medios. Esos estarán siempre prestos a emitir declaraciones, aunque no sepan de lo que están hablando.

Los que verdaderamente deseamos el bienestar y desarrollo de nuestros pueblos, estamos más claros que nunca antes, de que el camino a seguir no es el espejismo totalitario.

Domingo, 2 de mayo de 2010

<u>Nivel digno de vida. Consumo moderado. Impacto medioambiental tolerable</u>

Los amigos de Fidel Castro y su engendro totalitario (valga la redundancia, puesto que Fidel Castro y su engendro son una misma cosa) suelen decir que a Fidel Castro se le ataca porque constituye un referente moral incómodo al imperialismo y sus secuaces. Lo cual, además de no ser cierto, es intrascendente.
Porque si Fidel Castro fuese un referente moral, no necesitaría tanta defensa por parte de seudo intelectuales de "izquierda" procurando vivir del cuento.

Lo que hace a Fidel Castro tan extremadamente repulsivo para la democracia es el engaño. Lo que no se le puede perdonar a Fidel Castro es el engaño con el que ha sometido durante 50 años al pueblo cubano. Promesas (incumplidas) y la obstinada represión de los derechos humanos; utilizando el subterfugio del socialismo, cuando en realidad ha conducido a la nación hacia un feudalismo de nuevo tipo.

El aberrante embargo económico de medio siglo, impuesto al régimen totalitario, solo ha servido para reforzar el hostigamiento permanente al pueblo de Cuba por parte de un despiadado sistema absolutista.

Fidel Castro no solo acabó con la industria azucarera, la ganadería y la agricultura, sino que ha puesto al pueblo cubano al nivel de los países más miserables del planeta, mientras que proclama (a bombo y platillos), logros en la "educación", la "sanidad", las "ciencias" y en las "artes", tratando de dar la impresión de que el totalitarismo neo-feudal funciona y que el nivel de vida del cubano es superior al de los países desarrollados o en vías de desarrollo.

Mientras, su hermano Raúl reconoce que en Cuba existen 1 millón de subempleados recibiendo un salario promedio de 15 euros mensuales (exagerado), Fidel se llena la boca para criticar el desempleo y la pobreza en los Estados de la Unión Europea, donde los desempleados reciben un subsidio de desempleo diez o más veces superior al salario promedio del cubano. Peor aun, la inmoralidad de Fidel Castro llega al colmo, cuando se refiere a los logros materiales. ¿Cuáles?

Los intelectualoides, amigos de Fidel Castro, utilizan datos (sacados de contexto) de organismos internacionales, de donde (y sin vergüenza alguna) reconocen que el nivel de vida del pueblo norteamericano es inmensamente superior al resto del mundo. Inmediatamente agregan (con toda la mala intención que les caracteriza) que serían necesarios cinco planetas, como el nuestro, para que todos los seres humanos vivieran al mismo nivel de vida de los habitantes de los E.U. y la U.E.

No por constituir datos sacados de contexto dejan de ser datos absurdos. Los organismos internacionales (los amigos de Fidel Castro no son capaces de nombrarlos), basan sus estudios a partir de los recursos naturales de los que se dispone en el mundo hasta la fecha. Los profetas del «castratratofismo» (catastrofismo) perciben nuestro mundo como si fuera un granito de arena rodeado de millones de personas. El Planeta Tierra es muchas veces mayor que eso. Y el potencial de sus recursos naturales es prácticamente desconocido. Se calcula que el ser humano, solamente conoce el uno por ciento de ese potencial. Ese uno por ciento se encuentra en la parte sólida del planeta. De la parte líquida solo se conoce, tal vez, el uno por mil. Quizá menos.

Una pregunta para los amigos de Fidel Castro:

¿Consideran ustedes que, mediante el totalitarismo neo-feudal, países como Zambia o Etiopía alcanzarán los niveles de vida de los E.U. o la U.E.?

Otra pregunta:

¿Consideran ustedes que disminuyendo el nivel de vida de los países desarrollados, hasta el nivel de la pobreza, sería la forma de igualar el nivel de vida de los países subdesarrollados?

Porque la distribución de la riqueza de los países desarrollados solo convertiría, al mundo que hoy conocemos, en pobres por igual.

Fidel Castro es tan inmoral que no se anda con chiquiticas para decir que los cubanos compatibilizan un nivel digno de vida, con un consumo moderado y un impacto medioambiental tolerable. Si, no fuera por lo dramático de la situación, era para desternillarse de la risa.

¿Es a ese nivel de vida, al que aspira la humanidad?

¡Ave María Purísima!

Todos los cubanos se alimentan por igual, al punto de que todos los cubanos saben lo que se cocina en casa del vecino pues, es lo mismo que hay en la casa de cada cubano. El cubano no tiene derecho a escoger.

Hace ya más de medio siglo que el desgobierno escoge lo que come o deja de comer el pueblo cubano. El desgobierno escoge lo que debe vestir cada cubano.

Eso es lo que nos proponen los amigos de Fidel Castro.

En contraposición tenemos el sistema de mercado. No es un sistema "tan perfecto" como el totalitario, pero en la práctica es "socialista". No se exige de cada cual según su capacidad. Se exige más. Tal vez algunos se quejen de no recibir de acuerdo a sus capacidades. Eso no deja de ser subjetivo. Los seres humanos sobre valoramos nuestras capacidades. Eso en lugar de ser malo, resulta ser todo lo contrario. El ser humano siempre aspira a más.

El espejo del sistema totalitario de Fidel Castro, es como aquel de la bruja de Blancanieves. "Dime, espejito mágico, ¿cual es el mejor sistema del mundo? Ya sabemos la respuesta. El totalitarismo tiene que acabar con Blancanieves. ¡Menos mal que somos, muchos más que siete enanitos!

El camino del totalitarismo, no es el camino correcto.

Por eso, y por muchas cosas más, les digo a los amigos de Fidel Castro, que andan por un camino equivocado, que solo les conduce a más miseria. El sistema totalitario es un fracaso. Es volver a la edad media. Es regresar al feudalismo, o tal vez peor. Al esclavismo.

Domingo, 9 de mayo de 2010

Sobre el "Botellón" de la Unión de Jóvenes Fidelistas

Pretenden que creamos que se ha debatido algo, en algo que pretendieron fuese un Congreso. Sobre todo que los jóvenes cubanos entienden que una generación de ancianos decrépitos puedan continuar viviendo a sus anchas, mientras el pueblo de Cuba no vislumbra un futuro mejor.

Alguien que me explique, por favor:

¿Por qué, en cincuenta años, en lugar de aumentar, la producción de bienes ha disminuido?

Pido, encarecidamente que no traigan a colación el aberrante embargo económico "culpable" de todos los errores del sistema.

Ernesto Guevara de la Serna, en un discurso pronunciado en la Universidad de Montevideo, Uruguay (1961) vaticinó el fracaso del incipiente sistema totalitario de los hermanos Castro Ruz, al decir que "toda conquista de tipo social que no se base en un aumento de la producción, tarde o temprano va a fracasar".

El camino del igualitarismo social (que nada tiene que ver con el socialismo), emprendido por el régimen de los hermanos Castro Ruz, desde 1959 llegó a su fin con el "desmerengamiento" (adjetivo utilizado por Fidel Castro) de la URSS y demás países del campo socialista.

Es imposible la existencia del igualitarismo, absurdo y ridículo, con las desigualdades sociales provocadas a partir de las remesas de dinero procedentes del extranjero, las firmas comerciales capitalistas y los trabajos por cuenta propia (alquiler de inmuebles incluidos).

El régimen de los hermanos Castro Ruz jamás ha sido económicamente independiente, sea en la economía interna, como en la exterior.

El caso cubano ha demostrado, fehacientemente, que las ideas no se comen, que la creación de conciencia no produce alimentos y que es imposible difundir ideas con el estómago vacío.

De esa forma no se hace Patria.

Mi Patria no está en guerra, ni tan siquiera en guerra de pensamiento o batalla de ideas. La condena internacional al régimen de los hermanos Castro Ruz ha sido provocada por la desidia del propio sistema.

Llaman minúscula revolución interna y mercenarios al servicio del imperialismo a todo el que disienta del régimen, aunque sea pacíficamente. La llaman, de nuevo tipo, refiriéndose a los disidentes encarcelados y convertidos en "delincuentes comunes" por el solo hecho de protestar y que, ante tamaña injusticia, se declaran en huelga de hambre (a riesgo de la propia vida) para llamar la atención de la comunidad internacional.

Los hermanos Castro Ruz y sus acólitos sienten pánico.

Les resulta imposible reprimir las nuevas tecnologías. Se les va de la mano. La verdad viaja a la velocidad de la luz. Es imposible tapar el Sol con un dedo. Sus fechorías quedan al desnudo. El Mundo se horroriza. Hasta aquellos que creían, ciegamente en el "non plus ultra" del sistema totalitario, hoy se escandalizan.

El régimen neo-feudalista está en pie de guerra. En guerra contra todo aquel que proponga o simbolice un cambio de sistema. En un intento de prolongar la agonía del pueblo cubano, acude a los métodos de pasadas tiranías. Convierte en delincuentes comunes a sus adversarios políticos y culpa a gobiernos extranjeros de lo que sucede en el interior de su Isla cárcel. Tergiversan, manipulan. Intentan institucionalizar la mentira.

El régimen totalitario neo-feudal de los hermanos Castro Ruz intenta minimizar lo que ocurre en Cuba, donde los medios de comunicación se encuentran amordazados. Si solo fuera por los medios de

comunicación del régimen, nadie se enteraría.

Ante la verdad expuesta cruda y dura, la opinión pública internacional se indigna y protesta. Eso les duele y mortifica. Antes era más fácil.

Ahora, cuando la edad hace estragos en sus perversos cerebros, se les ocurre pedir a los jóvenes, la agilidad de que carecen.

Es tarde.

La juventud olvidada y desprotegida de los años 90 pide el cambio, mientras los veteranos solo prevén el parapeto.

Antes, se adelantaban a los acontecimientos.

Ahora no saben como reaccionar ante los hechos y acuden a la ferocidad en su pretendida defensa.

Sienten pavor ante la información.

No es posible aplicar los ordenos 12 y 13 de la Orden 1 del Comandante en Jefe a escala internacional.

No pueden silenciar a la oposición.

No pueden impedir las relaciones internacionales mediante Internet.

La verdad se impone.

No pueden continuar oprimiendo al pueblo cubano con los métodos de hace 50 años, ni tienen la capacidad moral, física y mucho menos económica para aplicar las nuevas tecnologías en la represión masiva. Eso no es posible.

Internet es una revolución opuesta al totalitarismo neo-feudal. Su capacidad de información es extremadamente eficaz. Resulta imposible mantener desinformado al pueblo con los métodos tradicionales.

El régimen de los hermanos Castro Ruz, sustentado por el petróleo administrado por el proyecto de dictador totalitario de Hugo Chávez, ahogado en su propia salsa de incapaces, ha quedado al descubierto.

Buscan afanosamente brechas por donde escabullirse como ratas.

Internet no es amiga o enemiga de nadie. Tal y como la libertad tampoco lo es. Internet se ha convertido en un derecho planetario a la información. La información podrá ser buena o mala de acuerdo a la interpretación que se le quiera dar a la noticia.

Queda en manos de la inteligencia humana, saber de que lado está la razón.

Publicar mentiras en Internet es de tontos. Más rápido se descubre a un mentiroso que a un cojo. Ahora bien:

La indignación de la comunidad internacional, tras la muerte de Orlando Zapata, no es contra Cuba. Es contra el régimen imperante.

Son los amigos de Raúl y Fidel Castro los que defienden a ultranza y con ejemplos ridículos, que nada tienen que ver con lo que sucede en mi país, los que defienden las ideas del totalitarismo neo-feudalista, desde posiciones de bolsillos y barrigas llenas.

Otros, menos inteligentes solo buscan publicidad y de vez en cuando vacaciones (con todos los gastos pagados por el régimen) en un hotel de lujo cubano, construido y financiado por los empresarios capitalistas que tanto critican.

El "botellón" de la Unión de Jóvenes Fidelistas sirvió de marco para que un cretino dijese que existe una gigantesca maniobra de recolonización cultural de los países desarrollados hacia los países en vías de desarrollo.

Confunde, el cretino, la cultura con las tradiciones. La cultura no se impone. La cultura la crea el ser humano. Las tradiciones son manipulables. En esa materia son expertos los hermanos Castro Ruz.

Acabaron con las tradiciones del pueblo cubano. De un plumazo cambiaron las fechas conmemorativas.

El consumismo y la posesión de objetos no significan la felicidad. El totalitarismo neo-feudal, con su igualitarismo absurdo y ridículo, provoca lentamente la infelicidad, mientras los necesitados (que solo viven el presente) entienden que las medidas populistas son el remedio de sus males. Cuando se despiertan la confusión es tal que no saben si soñaron o tuvieron pesadillas.

Los hermanos Castro Ruz han perseguido y culpado al dinero, como si este fuera el causante de los males de la humanidad.

El dinero solo es un intermediario entre lo que se va a comprar y lo que se va a vender. Es el facilitador del intercambio. Trabajar, para tener dinero no es malo.

Malo es robar como han hecho Fidel y Raúl Castro. A los que no tenían nada que robar le han robado la ilusión.

El consumismo es otra de las invenciones totalitarias. En un país de economía de mercado, el ciudadano consume lo que está a su alcance. Ni más, ni menos.

Por desgracia, la conciencia del ser humano es derrochadora por naturaleza. Mi propia experiencia, después de vivir 44 años de totalitarismo neo-feudal, me ha proporcionado el placer de ver como soy capaz de vivir (en un país de economía de mercado) al mismo nivel de una persona que gana tres veces más que yo.

¡Se asombran!

Otro cretino, se hizo eco de las profecías maquiavélicas e invocó a los reproductores nacionales del modelo de vida de los países desarrollados. Eso en un régimen neofeudal, es un pecado solo absuelto en la hoguera inquisidora.

¿Volverán a prohibirse los jeans (vaqueros) en Cuba?

Por cierto: ¿Dónde se pueden comprar en moneda nacional?

Ningún otro régimen de este mundo tiene la capacidad de reprimir a las masas como lo hace el régimen de los hermanos Castro Ruz. El coreano se aproxima bastante, pero el pueblo es diferente.

Lunes, 10 de mayo de 2010

<u>**La tiranía insaciable e indeseable impuesta al pueblo cubano**</u>

Nuestra época se caracteriza por un hecho que no tiene precedente: La amenaza a la supervivencia, como

pueblo, impuesta a los cubanos por la tiranía de los hermanos Castro Ruz.

La dolorosa realidad no sorprende a nadie. Se veía venir, sobre todo en las últimas décadas, a un ritmo difícil de imaginar.

¿Significa esto que Fidel Castro no sea responsable de esta amenaza? ¡No!

Demuestra simplemente que le importa un bledo la realidad y no quiere ni pretende superarla. Sueña, más bien delira, con catastrofismos a escala planetaria.

Ha ocurrido un hecho, como el desastre de la zafra azucarera del presente año, que demuestra cuan poco puede, el desgobierno de los hermanos Castro Ruz, dirigir a los ineptos funcionarios que ellos mismos encabezan.

¿Son precisamente ellos, los que deciden el destino de nuestro pueblo?

Tomemos como ejemplo las últimas noticias emanadas del propio órgano:

"Un cubano fue arrestado por robar electricidad en los Estados Unidos. Yoandry (por la letra inicial del nombre podemos imaginar que pertenece a la generación "Y"), planteó que consideraba que no había hecho nada malo, pues esto lo hacía en Cuba todo el tiempo.

Esta noticia, dicha así, parece un vulgar robo.

Todo lo contrario.

En un país como Cuba, donde el precio del kilowat supera en mucho el salario promedio de un cubano, es una necesidad de primer orden "inventar" para sobrevivir. Lo que en el resto del mundo se conoce como robo, en Cuba, las personas lo consideran un ajuste de salario. De manera que al enfrentarse al mundo verdadero, un cubano (engendrado por tal sistema) no sepa comportarse y adolezca de los principios básicos de civilidad en una sociedad normal.

En Cuba, las palabras «conseguir» y «resolver» pueden ser sinónimos de robar.

Un artículo de los profesores Michele Barry y Paul Drain, de la Universidad de Stanford (California) informa: "El embargo comercial norteamericano contra Cuba, promulgado después de que la revolución de Fidel Castro derrocase al régimen de Batista, alcanza sus 50 años en 2010. Su objetivo explícito ha consistido en ayudar al pueblo cubano a alcanzar la democracia, pero un informe de 2009 del Senado de USA concluyó que 'el embargo unilateral contra Cuba ha fracasado'."

Por solo conocer el proceso cubano, desde referencias

externas, los distinguidos profesores cometen una grave equivocación:

El embargo no fue destinado para ayudar al pueblo de Cuba

¿Por qué? Es fácil responder a una pregunta tan simple. Cuando un país se rige por un sistema de mercado, se le llama pueblo a todo aquel que participa, directa o indirectamente. Pero, en un sistema totalitario, los únicos que se encargan del comercio son los funcionarios del régimen.

De manera que el embargo económico, en caso de haber sido dirigido para ayudar al pueblo cubano a alcanzar la democracia, se puede catalogar como un error imperdonable y condenado al fracaso desde el mismo inicio.

Bajo un sistema de gobierno totalitario, no participan ni las pequeñas, ni las medianas y mucho menos las grandes empresas privadas. Simplemente no existen. Y al no existir, y la economía del país no estar sustentadas en ellas, el embargo económico no le afecta al régimen.

Por otra parte, bajo un embargo económico, un régimen que despilfarra sin control los pocos recursos del Estado, dedica los mismos a mantenerse en el poder a toda costa. De esa forma se convierte en "Papá Estado". Y "papá estado", en su afán por mantenerse en el poder, cada día dedica menos interés al bienestar del pueblo y concentra su atención en la perpetuidad del sistema.

De haber sido implementado para estrangular las posibilidades de comercio del régimen de los hermanos Castro Ruz, también hemos visto que durante cinco décadas ha resultado un fracaso. La verdad es que ha sido mucho más contundente el fracaso administrativo del sistema impuesto al pueblo de Cuba, que el embargo norteamericano.

De los "logros" que tanto se empeñan en resaltar los hermanos Castro Ruz, apoyados por organizaciones internacionales cuyos integrantes muestran marcadas tendencias totalitarias y neo-feudalistas, podemos decir lo siguiente:

Los logros sanitarios no son tales.

Los hospitales cubanos se encuentran en condiciones higiénicas deplorables.

La escasez de medicina provoca que los cubanos acudan, cada vez más, a las farmacias donde se venden las medicinas en moneda libremente convertible.

Es increíble que en un país donde supuestamente la sanidad es gratuita, la clase trabajadora (que recibe un salario equivalente a menos de 10 euros mensuales) tenga que adquirir medicamentos que por su precio representan cuatro, cinco y más veces el salario mensual.

El régimen proclama que en Cuba tenemos 59 médicos por cada 10 mil habitantes. De esos 59 médicos, más de la mitad se encuentran cumpliendo misiones de propaganda política en el exterior, vilmente explotados por el sistema que "representan".

Lo que no dice el régimen de los hermanos Castro Ruz, es que en los últimos años, la calidad profesional de los médicos cubanos ha disminuido a extremos de peligrosidad.

La incomunicación a la que los tiene sometido el sistema dictatorial (represivo) es tal, que la carencia de información se hace cada día más insoportable.

Las tasas de mortalidad infantil debemos creérnosla (o no), a partir de informes provenientes del propio régimen. Los disidentes del régimen sabemos, por experiencia propia, que los datos estadísticos del régimen, como norma, son falsificados.

Las estadísticas internacionales crean una gran incógnita.

¿Cómo es posible que destinando menos recursos per

cápita, en comparación con los Estados Unidos y la Unión Europea, el régimen de los hermanos Castro Ruz, pueda obtener logros (en la sanidad) superiores?

Decir que estos "éxitos" son atribuibles a un "mayor hincapié" en la prevención de enfermedades y en los cuidados sanitarios primarios, es de una ingenuidad tan grande, que ilegitimiza a los profesores de Stanford.

Solo el insinuar que los cubanos, por su educación, dependen menos de los productos médicos para mantenerse sanos, es indignante. Mucho peor es comparar el sistema sanitario de los Estados Unidos con el engendro de los hermanos dictadores.

No todo es malo. Es verdad que las tasas de vacunación son las más altas del mundo. Esto no es debido al interés del régimen totalitario. Esto se debe a la diferencia existente entre los sistemas de salud.

Ahora bien, las pocilgas llamadas "consultorios", los policlínicos y los hospitales cubanos, en lugar de ser centros asistenciales de salud, son centros contaminantes de enfermedades, debido al estado higiénico sanitario tan deplorable en que se encuentran.

A partir del alto costo que ello significa, aprender, del régimen totalitario, a desarrollar un sistema universal de cuidados primarios es inviable. La adopción de esas políticas sanitarias (las aplicadas en Cuba) llevaría, a aquel que las aplique, a un deterioro inimaginable del nivel de vida de la población.

El estudio del sistema sanitario del régimen de los hermanos Castro Ruz, por parte de científicos serios, traería consigo el descubrimiento de una serie de horrores que son increíbles en cualquier otra parte del mundo.

Sábado, 15 de mayo de 2010

Elecciones y Protestas en Cuba

El sistema "socialista" (estilo soviético), la dictadura del proletariado, el control absoluto del gobierno sobre los medios de producción y el totalitarismo neo-feudal han resultado ser un fracaso a escala planetaria.

El sistema de mercado esclavista, así como el sistema de mercado feudal (monárquico) que prevaleció hasta casi la mitad del siglo XX; incluso el sistema burgués de mercado (controlado por las monarquías europeas) resultaron también un fracaso.

Solamente el mercado controlado por un sistema democrático representativo ha sido capaz (en las naciones desarrolladas) de crear una clase media mayoritaria.

La libertad y los derechos promulgados por las diferentes revoluciones burguesas, en contra del absolutismo y la sociedad estamental (feudalismo y monarquía absoluta); y el libre mercado frente a las restricciones del modo de producción feudal, se vieron anulados hasta el momento en que se impone (como forma de gobierno) la democracia representativa, aunque algunas de sus variantes (sobre todo en Europa) dejen mucho que desear.

No se trata de que las "empresas privadas" accedan impunemente a los recursos naturales. Se trata de que el acceso de empresas pequeñas, medianas o grandes proceda controladamente a dichos recursos.

Esto no es lo que pasa en Cuba. El sistema impuesto al pueblo cubano (sin su consentimiento democrático), debido a su ineficiencia y restricciones del modo de producción, se parece más al feudalismo de monarquía absoluta.

Las noticias relacionadas con el régimen de los hermanos Castro Ruz, denuncian diariamente la forma, dictatorial y autoritaria, mediante la cual oprimen al pueblo cubano.

Ante esta situación, los hermanos Castro Ruz (y sus acólitos) intentan defenderse realizando una pantomima de lo que ellos pretenden sean una elecciones democráticas.

Las elecciones, bajo la dictadura totalitaria, se convierten en un acto callejero, simulando electores y elegidos que no existen verdaderamente.

Al final, son coreografías de elecciones elaboradas al detalle, muy próximas al absurdo, donde las principales figuras resultan elegidas por circunscripciones, totalmente ajenas a sus áreas de residencia (primera violación de la propia constitución, elaborada por Blas Roca a imagen y semejanza de la soviética).

La dictadura del proletariado es una forma de gobierno en la que el líder (lleve el título de Secretario General del Partido Único, Presidente de los Consejos de Estado y/o de Ministros o Comandante en Jefe) ostenta el poder absoluto. La división de poderes (ejecutivo, legislativo y judicial) existe solo en apariencia. Pueden tener una autonomía relativa en relación al líder y pueden existir instituciones parlamentarias. No obstante, el líder, mediante su influencia, puede cambiar las decisiones o dictámenes de los tribunales o reformar (por decreto) las leyes (la orden del jefe, encarna el mandato de la "Patria"). Todo esto se justifica por "considerar" que la fuente del poder es el proletariado y que el líder ejerce la soberanía en el nombre del "pueblo". No existen mecanismos por los cuales el líder (que no reconoce superiores) responda por sus actos. Solo ante el "pueblo".

Es cierto que a nivel de CDR (Comité de Defensa de la Revolución), nombre que recibe una pretendida "organización no gubernamental", que de hecho es un apéndice del desgobierno, puede postularse como delegado cualquier opositor. La trampa consiste en que una vez concluidas las elecciones de base, la siguiente fase serán las elecciones municipales, en la cuales ya no participa el pueblo, sino los delegados.

Es conveniente resaltar, que durante el período pre-electoral, los "factores" (se les llama de esa forma a las organizaciones políticas y de masas que actúan a nivel de base), como pueden ser, la Federación de Mujeres Cubanas (FMC), Núcleo del Partido (de jubilados), el propio CDR y otras, desarrollan un intenso trabajo de candidatura, cuyo resultado final será la presentación de los candidatos.

Estos candidatos deben presentar una biografía que resalte su currículo revolucionario. No importa si tiene aval o cualidades de dirigente político o económico. Lo que verdaderamente interesa es su identificación con el régimen.

Cuando el control es absoluto, una payasada electoral puede permitirse.

Mucho se ha escrito sobre las Damas de Blanco que pacíficamente protestan por las calles de La Habana y que han sido bestialmente acosadas por turbas del Ministerio del Interior vestidas de civil. Por considerar sus paseos, como manifestaciones públicas, les impusieron la ley de pedir autorización para realizar sus paseos. De hecho les estaban prohibiendo manifestarse en contra del abuso de autoridad del régimen.

¿Es necesario demostrar que las turbas, que acosan a las Damas de Blanco, son funcionarios del Ministerio del Interior del régimen? Basta con ver las fotografías y videos, donde aparecen repetidas las mismas caras en diferentes localidades de La Habana. ¿Será que los únicos que acosan a las Damas de Blanco son solamente unos cuantos que se repiten?

Más recientemente y como resultado de la creciente impopularidad del régimen, han permitido nuevamente que las Damas de Blanco paseen por las calles de La Habana protestando contra la injusticia. El régimen ha preferido ceder ("principios"), ante la fuerza de la opinión pública internacional que les condena por encarcelar a opositores pacíficos y dejarles morir en huelga de hambre.

El desgobierno de los hermanos Castro Ruz es incapaz de demostrar ningún vínculo entre las Damas de Blanco y la recepción de dinero proveniente de un país extranjero. Menos aun, que las Damas de Blanco tengan intenciones de derrocar a la dictadura totalitaria.

Esas heroicas mujeres son familiares de prisioneros de conciencia del régimen, a los cuales tampoco les fue probado que recibieran dinero de un gobierno extranjero y sí de organizaciones tan, no-gubernamentales como lo puedan ser las vinculadas con el régimen totalitario.

Los juicios, a los que fueron sometidos, no fueron justos. La justicia de los hermanos Castro Ruz es arbitraria.

Domingo, 23 de mayo de 2010

Un régimen totalitario, de Partido Único, es incapaz de renovarse

Todos se repiten; por radio, por televisión, mediante el cinematógrafo, hasta por Internet: los de pensamiento totalitario. Lo repiten los dinosaurios del sistema totalitario; los que cambian el uniforme militar por la guayabera o la camisa roja (mal cortada); los hay de izquierda, "socialistas", los de centro izquierda, los bolivarianos, los indigenistas. Que todos los aspirantes a dictaduras neo-feudales lo repitan. Que todos los intelectuales izquierdistas, que se revuelven en sus pasados tenebrosos, sus historias de "revolucionarios" y sus sinvergüencerías, los que aspiran a que Lenin y Stalin regresen y los hermanos Castro Ruz les tomen en cuenta, lo repiten.

Repiten que el sistema totalitario se mantiene firme. Si todos lo dicen, dudo que sea verdad. Imposible que semejantes fracasados logren mover el molino, sin agua. Los pueblos han sido, son y serán siendo engañados por ellos. Una imagen inverosímil y falsa del periódico Granma debe ser considerada como una verdad absoluta. Tan absoluta como el régimen al que representa.

Fidel Castro, en los primeros años, pidió que el pueblo leyera. Hoy, el pueblo lee solo lo que es de interés del sistema totalitario. Frente a ese "todos" de compañeros y compañeras repetidores de la propaganda neo-feudal, el régimen de los hermanos Castro Ruz es el único autorizado a "pensar" por el pueblo de Cuba.

No en tanto, al igual que Fidel Castro, el sistema agoniza lentamente. Fidel Castro elogiaba a Francisco Franco. De

Franco dijo: "era astuto: maniobró, evitó involucrarse y mantuvo un asombroso nivel de tenacidad en las relaciones con nuestro régimen" (...) "aguantó las presiones de los yanquis" (...) "tenía sentido nacional, sentido de dignidad y talento".

¿Cómo puede decir alguien, que el régimen de los hermanos Castro Ruz era anti-franquista, mientras comparaba su sangre gallega con la del dictador fascista?

Un sistema fracasado es incapaz de renovarse

En todo caso, debido a las circunstancias, puede eternizarse en el poder.

Las cotorras que cambian el uniforme militar por guayaberas, lucran con afanado interés personal y con total desprecio por el pueblo al que dicen pertenecer. De sobra conocen las consignas políticas que ya no mueven a nadie. En su concepción no existe derecha o izquierda. Solo totalitarismo a ultranza, la "democracia" del proletariado, por ellos llamada (sin vergüenza alguna) DICTADURA.

Donde no hay dictadura, hay capitalismo y viceversa. Imposible que existan elecciones donde alguien difiera de la línea trazada por el régimen.

En Caracas desfilan juntos, sin complejos, los

funcionarios del régimen de los hermanos Castro Ruz y los seguidores del intento de dictador totalitario de Hugo Chávez, mientras que los terroristas vascos campean por sus respetos y se vinculan con los narco-terroristas de las FARC.

Todos vestidos de rojo, como en los macabros tiempos de la Unión Soviética.

El sustento cambió.

Ya no se nutren de "las miserias" del pueblo ruso. Ahora reciben la petro-"colaboración" del régimen "bolivariano".

En la Isla de Cuba se juntan todos los lamebotas neo-feudales, como Zelaya —con mucho talento como narcotraficante y ninguna cultura política-, con artistas de cine, no se sabe bien de que tendencias políticas, como Danny Glover, para terminar adulando a los hermanos dictadores.

Se juntan los dictadores vitalicios con los intentos de dictadores a perpetuidad. Pretenden que el engendro que ha llevado al pueblo de Cuba, a la miseria, se perpetúe en la América toda, como si eso fuera en verdad la solución a los problemas de estos pueblos.

La propia vida y no la historia, le ajustará las cuentas, a su debido tiempo Se repiten hasta el aburrimiento. Son pocos los que dan crédito a las supercherías que promulgan. En términos políticos, la diferencia entre dos seudo-periodistas (Enrique Ubieta y Lázaro Barredo) no existe.

Son como dos perros (con el perdón de los perros) sin bozal, a sabiendas de que ninguno de los dos muerde. Solo ladran y compiten entre sí a ver cual de los dos hace más ruido. Ambos coinciden en que no hay gentes de izquierda. Para ellos solo existen totalitarios y anti-totalitarios. Neofeudalistas y anti-neofeudalistas.

Dicen, que aquel que considere que el sistema de mercado dirigido por una democracia representativa es, en estos momentos, el camino para el desarrollo económico de los países (valga la redundancia) en vías de desarrollo... Ese alguien es el enemigo

Los hermanos Castro Ruz y comparsa (léase Ubieta y sus amiguitos) consideran que en España se transitó de la miseria franquista a país de economía desarrollada, por obra y gracia del Espíritu Santo. Para ellos poco tuvo que ver, en la transición, el pueblo español. Para ellos, la democracia chilena fue impuesta por Pinochet y sus secuaces. El pueblo chileno, bien gracias. Hoy por hoy es una de las economías más sólidas de América Latina.

Para los hermanos dictadores y sus acólitos, la tierra continúa a ser tan plana como en el siglo XIV, no importa que se mueva. Para ellos, los cambios son inadmisibles.

Lunes, 24 de mayo de 2010

<u>¿Que es el Sistema Totalitario Neofeudal?</u>

Son muchos los que justifican el totalitarismo neo-feudal. Muchos lo hacen de buena fe. Tal vez sean ignorantes. Tal vez mal intencionados.

Lo cierto es que, como sistema político es retrógrado y su naturaleza despilfarradora, en aras del buen vivir de la crápula des-gobernante.

No se hace evidente hasta pasados los años.

Otros lo defienden porque son sus grandes beneficiarios y, como en el caso del chileno Max Marambio (por ejemplo), amasan enormes fortunas devenidas de la injusticia y la explotación sin límites.

Hay además otros (intelectualoides, periodistas, sociólogos, académicos y otros aspirantes a mamar de la teta de la vaca) que conocen bien los costos sociales que en términos de degradación humana impone el susodicho sistema. No se conforman con poco para continuar engañando a los pueblos con su labor proselitista. Saben muy bien lo que hacen. Son los "nuevos apóstoles" del "profeta" neo-feudal llamado Fidel Castro.

Para contrarrestar la proliferación de versiones idílicas acerca del totalitarismo neo-feudal y de su capacidad para destruir el bienestar general examine algunos datos del sistema impuesto al pueblo de Cuba por los hermanos Castro Ruz. Son datos sumamente didácticos, máxime en el contexto de la crisis permanente en que se encuentra sumido su desgobierno.

Los hermanos Castro Ruz, que jamás se han arrepentido de todos los errores cometidos durante 50 años, nos proponen resolver los problemas, por ellos creados, con más de lo mismo y nuevamente piden esfuerzo y participación a las masas, mientras que otros funcionarios consideran a ese mismo pueblo, culpable de lo que ocurre en el país.

Las instituciones no funcionan.

Es el propio sistema centralizado el que obstruye el desarrollo.

No existe esperanza de cambio.

El discurso y los métodos son los mismos. Diseñados

para ocultar las verdaderas intenciones. Quien tenga dudas, mire lo que están proponiendo para "solucionar" los problemas. ¡NADA! Lo mismo desde el año 1959.

A continuación, algunos datos simples

Población estimada de la república de Cuba: 12 millones, de los cuales:

- 3 millones viven estrictamente, de los subsidios de miseria del desgobierno.

- 11 millones no tienen acceso a las medicinas que el desgobierno vende en moneda libremente convertible.

- Carencia de medicinas esenciales en hospitales y diversos centros de salud.

- 6 millones carecen de acceso directo al agua potable.

- 10 millones carecen de techo o viven en casas precarias o confinadas en ciudadelas insalubres.

- Como consecuencia de un desastroso plan de soterrar los cables	eléctricos, 7 millones tienen electricidad esporádicamente.	Cuando llueve, el casco histórico de la Habana permanece sin electricidad durante días.

- 8 millones carecen de drenajes o cloacas.

- Cuando el desgobierno declara que la educación es "gratuita", seis millones son analfabetos funcionales.

- 1,500 muertes por año asociadas a neuritis periférica (alimentación deficiente).

- 11 millones de personas reciben un salario de miseria equivalente a menos de 10 euros mensuales.

- Entre 1989 y 2009 la población cubana se empobreció en casi un 90% en comparación a la década anterior, mientras que (comparativamente) los funcionarios del régimen continuaron su modo de vida de grandes lujos.

- El lujo en que viven los funcionarios del régimen no alcanza para dar solución a los problemas económicos del pueblo de Cuba.

Conclusión: Es preciso erradicar el sistema (imposible solucionar los problemas a partir del desgobierno) porque el sistema obedece a una lógica implacable: La centralización de la miseria, que concentra lo poco que produce el país, en manos de los funcionarios del régimen, aumenta la pobreza y la desigualdad económica y social.

Después de 50 años de existencia, esto es lo que el totalitarismo neo-feudal nos ofrece. Decididamente, la humanidad tiene futuro, pero definitivamente, el futuro no será el nuevo feudalismo que pretenden imponernos.

Con el sistema totalitario no hay futuro para el pueblo de Cuba ni para cualquier otro. Ninguna sociedad puede desarrollarse cuando carece de impulso vital y de motor impulsor, porque desaparece la sociedad civil.

Gracias a Dios, en el mundo existen muchos más hombres y mujeres de buena voluntad, que el puñado de insensatos de ideas extravagantes.

Lunes, 31 de mayo de 2010

La cultura de una sociedad feudal dista mucho de la cultura de una sociedad democrática

El 9 de mayo del presente año se conmemoró el 65 aniversario de la derrota del fascismo. La televisión cubana, dirigida por el régimen neo-feudal de los hermanos Castro Ruz, tuvo la desagradable "idea" de emitir, por enésima vez, una película sobre la toma de Berlín por los soviéticos.

No saciados con la tortura repusieron "La Balada del Soldado", "Cuando Vuelan las Cigüeñas" y varias más, para satisfacción de..., vaya usted a saber quienes, porque a la crápula en el poder no le interesan y las generaciones más jóvenes se pasan, como en el dominó.

Es increíble que mi generación tuviera que empujarse aquellas películas soviéticas y que nuestros hijos, de forma inconsciente hicieran distinciones entre "muñequitos" y "dibujos animados". Los primeros eran del "área capitalista", los segundos (insufribles) del campo socialista.

Aquellas películas y aquellos dibujos animados nos hablaban del modelo cultural soviético y demás países socialistas. También, del modo de hacer la guerra. Todavía existen personas en Cuba que consideran que la SGM fue una lucha entre soviéticos y el resto del mundo.

Definitivamente, esas películas contribuyeron a la deformación política e ideológica de gran parte del pueblo cubano.

De igual forma contribuyó la literatura totalitaria estalinista. Magníficos escritores de temas distorsionados de la realidad en que vivían los pueblos bajo la "dictadura del proletariado".

Literatura y cinematografía desaparecieron con el des-merengamiento de la Unión Soviética y demás países del campo socialista. En un momento llegué a pensar que desaparecerían de nuestro ámbito cultural.

Ahora, el régimen de los hermanos Castro Ruz pretende, que el des-merengamiento ha representado un fenómeno de mordaza, persecución, destierro y otras muchas cosas terribles.

Intentan, en vano, hacernos creer que el sistema totalitario en que vivían los pueblos de la Europa oriental, era un paraíso.

¿Cómo el nuestro?

Para Raúl y Fidel Castro (y sus colaboradores) jamás han existido, bajo su régimen, tales "fenómenos culturales".

La cultura de la mordaza, de la persecución y del destierro solo se encuentra en nuestra imaginación y que además de ser unos desagradecidos, somos intolerantes a la cultura estalinista.

La conciencia, por desgracia para ellos, no se reparte por la libreta de abastecimientos, tampoco con slogans. Menos aun cuando se condicionan a las conveniencias del régimen, en cuyo caso solo suponen oportunismo y simulación.

¿Todo lo hecho durante más de 50 años de pesadilla totalitaria ha sido bueno?

¿Tendremos que negarlo todo? ¿Debe o no el artista, el narrador, estar comprometido con el régimen totalitario neo-feudal?

¿Tiene que ser reflejo del régimen totalitario la obra de

un artista, narrador o poeta? ¿Será falso que la inmensa mayoría de los escritores y artistas de los países ex-socialistas no reflejaran, en sus obras, la sociedad neo-feudal en que vivieron?

La cultura es el conjunto de todas las formas, los modelos o los patrones, explícitos o implícitos, a través de los cuales una sociedad regula el comportamiento de las personas que la conforman.

Definitivamente, la cultura bajo un régimen neo-feudal no puede regirse por lo mismos cánones de la cultura de un régimen democrático. La cultura bajo un régimen neo-feudal agoniza lentamente junto al sistema económico.

El realismo neo-feudal, que algunos llaman socialismo, involuciona junto con el sistema. Ese es el único y gran error que dio lugar al desaparecimiento del sistema en la Europa oriental.

¿Deben o no el arte y la literatura, bajo el régimen totalitario neo-feudal reflejar la vida de la gente común, del pueblo, sus costumbres, tradiciones, preocupaciones, alegrías, su historia y no tergiversarlas?

Por desgracia, esa cultura no es popular, sino populista. No todos tenemos libre acceso a ella. El régimen de los hermanos Castro Ruz culpa de su fracaso al modelo democrático, por ellos llamado despectivamente "capitalismo".

¿Cómo van a ser personaje protagónico de una novela, el albañil que se roba los materiales para poder dar de comer a su familia?

¿Cómo va a ser protagonista de un cuento un plomero que roba los materiales para dar de comer a su familia?

¿Cómo va a ser protagonista de una telenovela un obrero agrícola (no un agricultor) al cual solo le interesa cumplir con la jornada laboral?

¿Cómo va a ser protagonista un agricultor que se ve forzado a vender el fruto de su trabajo al precio que estipule el funcionario neo-feudal?

¿Cómo pueden ser protagonistas de nada, si cada vez producen menos bienes materiales para la sociedad en que viven?

Lunes, 7 de junio de 2010

El Sistema Neofeudal Latino Americano

Solo en esos tiempos oscuros, que fueran conocidos como la Unión de los Consejos de las Repúblicas Socialistas (1917-1991), signada por la férrea omnipresencia de la ortodoxia "comunista", el fanatismo estalinista y sus asesinatos colectivos, unido a una SGM, como resultado de la cual los países de la Europa oriental se vieran oprimidos, por la bota soviética, durante 46 años, se pudo imponer la idea de que el totalitarismo neo-feudal (llamado socialismo) es intocable, eterno y la única doctrina capaz de emancipar a los trabajadores.

Sobre esta visión del mundo, "revolucionario" y represivo, intolerante e inhumano, se logró impregnar en las personas la sumisión a las leyes de los des-gobernantes y su sistema de partido único. Hasta que, como consecuencia de su improductividad, se desmerengó de propia mano y nuevamente los pueblos del este europeo caminan por senderos democráticos, tan duramente combatidos por aquel sistema.

No fue la inteligencia de los hombres, ni del arte, ni de las ciencias o las "nuevas" ideas que se oponían a las conquistas de las revoluciones burguesas lo que dio al traste con aquella "ideología del igualitarismo". Durante casi un siglo los neo-feudalistas totalitarios engendraron textos, inventaron instituciones y constituciones, experimentaron formas de gobiernos (considerados por ellos democráticos) y estados laicos. Unido a esto, conculcaron los derechos humanos (aun siendo signatarios de los mismos) y establecieron nuevas leyes y códigos. Fue, sin duda, un enorme paso hacia atrás. Un retroceso, de esa parte de la humanidad, hacia las tinieblas de la edad media. Nunca formaron parte del Siglo de las Luces, en tanto hacían caso omiso a los preceptos de la Revolución Francesa.

Esos mismos funcionarios, que en su día parecieran revolucionarios al proclamar y luchar (aparentemente) por alcanzar los anhelos progresistas de la clase obrera, mostraron sus verdaderas intenciones al alejarse (utilizando engaños y mentiras) de sus ideales primigenios o interpretándolos de manera lesiva para los pobres de la tierra.

Ante más de 8 décadas de anquilosamiento, les fue imposible mantenerse en el poder. Nada les valió proclamar como un triunfo del sistema totalitario, el proceso de descolonización de territorios que una vez fueran posesiones de regímenes feudales.

Verdaderamente, el proceso de descolonización era una necesidad imperiosa del sistema democrático burgués.

De nada les sirvió propalar la idea retrógrada del imperialismo, donde unos países propugnan la dominación de un país sobre otro, al mejor estilo feudal. De hecho, mientras su propaganda imperialista le daba la vuelta al mundo, los neo-feudalistas totalitarios imponían su sistema a sangre y fuego en los países de la Europa oriental.

Para sorpresa de cualquiera que lea este artículo, comprenderá que el neo-feudalismo aun no ha terminado, sino que acaba de empezar. Hoy, en pleno Siglo XXI y tras la estela de un fracasado neo-feudalismo tropical, se pretende engañar nuevamente a los proletarios del mundo con los viejos cuentos irracionales, de fanatismo ilimitado. Repartiendo a diestras y siniestras el patrimonio nacional de los países en que se han enquistado, pretenden convertirse en custodios de la perversa maquinaria de sometimiento, al más puro estilo de Josef Duglashvili.

En el fondo, hoy como ayer, se envuelve en frases populistas, y en preocupaciones morales (Evo Morales), que no pasan de ser sino intereses egoístas de los funcionarios en el poder. El eslabón más alto de la especie humana, "el revolucionario" y su supuesta invencibilidad, intenta ser, junto al "hombre nuevo" (copia de la doctrina fascista), el mecanismo que garantice el poder de "la clase obrera". Mientras tanto, los funcionarios en el poder, despilfarran a sus anchas.

En consecuencia, es perfectamente lógico, desde ese punto de vista, que se rechace toda intención de interpretar los derechos humanos desde un punto de vista contrario a sus percepciones. Especialmente la Constitución, que debe ser revisada y cambiada para que se ajuste a su forma de desgobierno. Luego la reformularán para hacerla inamovible o dicho de otra forma, tan eterna como el sistema neo-feudal que pretenden imponer.

Siempre que los demócratas intentan defender las leyes, aparecen los viejos lobos vestidos de "revolucionarios", llamando a cerrar filas contra los burgueses imperialistas, mientras propagan la nefasta idea del igualitarismo.

El problema, que ellos llaman socialismo, no es más que neo-feudalismo. Es retornar a los viejos tiempos medievales. La diferencia estriba en que ahora no son llamados "señores feudales".

Ahora se llaman "compañeros funcionarios". Es increíble, que después del ejemplo de la Unión Soviética y el Campo Socialista y su fallido sistema económico, causante del atraso tecnológico-industrial de aquellos países (que fueran desarrollados), proyectos de dictadores vitalicios y funcionarios acólitos de paisitos tercermundistas (subdesarrollados) engañen a sus pueblos con la misma teoría del fracaso.

Donde se resume la teoría neo-feudal es en sus preocupaciones y ocupaciones, con respecto a lo que llama "soberanía nacional". Es aquí donde se evidencian los estrechos vínculos entre el feudalismo medieval con el pensamiento y la práctica política más neo-feudalista del sistema que pretenden imponer:

"Nuestra soberanía está siendo colonizada por los consorcios internacionales (empresas de países extranjeros)..." "Nuestras fronteras peligran". "Podemos ser atacados en cualquier momento". "Nos preocupa nuestra seguridad nacional y los intentos de asesinato de nuestro máximo líder".

Para "defenderse" de esos peligros, poco a poco van tomando una serie de medidas:

Nacionalización de empresas extranjeras y nacionalización de bancos extranjeros, siempre bajo el pretexto de consolidar la "independencia nacional", a la vez que pertrechan las fuerzas armadas de sus respectivos países. No tanto para combatir las supuestas agresiones externas, como para estar preparados para reprimir a su propio pueblo.

Domingo, 13 de junio de 2010

<u>¿Quiénes se benefician con la crisis financiera?</u>

Un poder inmenso y una dominación fundamentalista están en manos de los que controlan el petróleo.

La quiebra del banco de inversión Lehman Brothers afectó, por carácter transitivo, a la Unión Europea y la ha conducido posiblemente a la peor crisis desde la SGM.

Cuando estalló la burbuja financiera norteamericana, Jean – Claude Trichet, presidente del Banco Central Europeo aseguró a los 16 miembros de la eurozona que Europa estaba blindada ante la recesión norteamericana.

Ahora dice que "los mercados financieros ya no funcionan".

Los problemas económicos que atraviesan Grecia, Portugal, Irlanda, España e Italia, tienen mucho que ver con la ceguera económica de los dirigentes europeos.

<u>En el momento en que se decidió la incorporación al euro, de esos países, el precio del barril de petróleo oscilaba alrededor de los 7 dólares (1998).</u>

Los acontecimientos políticos ocurridos en Grecia, posteriores a la SGM nada tienen que ver con la crisis financiera actual, que parte desde las entrañas del coloso norteamericano, administrado por uno de los peores presidentes de la historia de esa gran nación (George W. Bush). Todo lo demás, incluyendo la película "Z", es pura propaganda política, con visos de verdad incuestionables.

Que los países europeos se enrolasen en la OTAN nada tiene que ver con la crisis financiera actual.

De hecho, no podían hacer otra cosa que aliarse con aquel (los Estados Unidos) que los estaba sacando del lodazal de la SGM. Esos países que antes de la SGM tenían un sistema de gobierno feudo-burgués (las monarquías todavía mandaban), pasaron a tener una suerte de democracia, que si bien no es totalmente representativa (aun persisten las monarquías y las respectivas constituciones adolecen de aspectos básicos), al menos el sistema de mercado se muestra compatible y competitivo.

Fueron los especuladores de los precios del petróleo, la ambición de las empresas financieras y la incapacidad de los dirigentes políticos, los que provocaron el colapso financiero.

Poco a poco los países exportadores de petróleo se van apoderando de la economía mundial. Los Estados Unidos están perdiendo su hegemonía, mientras que un grupo de empresas, cuyos accionistas mayoritarios hablan y rezan en árabe, se apoderan del FMI, de los bancos norteamericanos, ingleses, alemanes y franceses.

El plan es revertir todo este proceso que comenzó en 1998. <u>Es imperativo recortar los gastos sociales drásticamente</u>, aunque no los militares, por si acaso.

Lo expresado anteriormente ha provocado una reacción en la América Latina, que los totalitaristas neo-feudales insisten en llamar "conciencia social", que no es otra cosa que aprovecharse de la coyuntura para intentar imponer un sistema económico, probadamente fallido, enriquecedor de funcionarios vitaliciamente corruptos.

Domingo, 20 de junio de 2010

¿Qué pasa con la zafra azucarera de Cuba?

El clima en Cuba no ha variado mucho en los últimos 50 años. Resulta verdaderamente imposible culpar al clima o a las carencias materiales del deterioro progresivo de la que otrora fuera el motor impulsor de nuestra economía.

Solo la ineficiencia de un desgobierno despilfarrador de los recursos nacionales puede ser culpada de tamaña alevosía. Los hermanos Castro Ruz han puesto punto y final a la única industria con que contaba nuestro país.

No es un problema de vicio, de hacer estimaciones productivas que contradigan las adversidades del clima.

Desde 1959, las zafras han tropezado con un desgobierno que pretendía "humanizar" una industria basada en el trabajo esclavo. De esa forma comenzaron a crear salarios "decentes" para los obreros agrícolas que participaban en dichas actividades. Por otra parte, crearon puestos de trabajo "ficticios" para el 25% de la población que sufría los estragos del "tiempo muerto" entre zafra y zafra.

Esto trajo como resultado, que al cabo de dos años, en Cuba no hubiera brazos para cortar la caña y de repente, obreros que jamás en su vida se habían dedicado a tan miserable trabajo, de la noche a la mañana se vieran convertidos en cortadores y alzadores de caña. La productividad disminuyó en un 75%.

Mientras tanto, la "reforma agraria", se apropiaba de las mejores tierras del país, afectando a todos (sin excepción) los dueños de las tierras dedicadas al cultivo de la gramínea (capataces incluidos).

Ya en 1965 eran pocos los que cuidaban los campos de caña.

Precisamente porque no había materia prima para moler en los centrales azucareros, en 1970 se produjo el fracaso de la zafra de los "10 Millones".

Las carretas de bueyes que trasladaban la caña cortada al central fueron sustituidas por camiones con motor de gasolina V8, los cuales consumían un litro por cada 8 kilómetros. La baja productividad de los cortadores-alzadores improvisados, unido al consumo desproporcionado de gasolina, hacían que el costo de producción de la libra de azúcar fuera superior al de su venta en el mercado.

Pero, el régimen tenía asegurada sus espaldas. La URSS compraba el azúcar a un precio estable. La improductividad de la industria no se hacía sentir.

No contentos con lo logrado anteriormente, se compraron alzadoras para sustituir a las carretas de bueyes y cortadoras mecánicas. Otro despilfarro que incrementó el costo de producción.

Junto con las imbecilidades económicas anteriormente señaladas, surgieron los puntos de acopio, que consumían una barbaridad de electricidad y se desmotaron cientos de kilómetros de vías férreas, encargadas de la transportación del azúcar a los diferentes puertos de embarque. Ahora la transportación desde la fábrica hasta el puerto se realizaba en camiones.

Hasta que llegó el desmerengamiento

Desde la desaparición del mercado soviético, la industria azucarera cubana se encuentra en quiebra permanente.

Debido a la ineficiencia azucarera, en el año 2002, sin convocar al Consejo de Ministros o al Buró Político del Partido, Fidel Castro ordenó al General Ulises Rosales, Ministro de esa industria, <u>desmantelar 95 de las 156 fábricas azucareras del país</u> en dos etapas (2002 y 2004), y reducir la superficie cañera de 2 millones de hectáreas a 750 mil.

El dictador ordenó "masacrar" casi dos tercios de la industria que fuera la azucarera del mundo desde la revolución haitiana a fines del siglo XVIII, hasta 1993.

Y declaró por la TV: "el azúcar es la ruina del país", precisamente cuando el mercado se recuperaba.

Lo que era imposible de recuperar serían las fábricas deterioradas por falta de mantenimiento durante décadas. De nada ha servido el cierre forzoso de más del 50 % de las fábricas.

Nadie en Cuba está dispuesto a cortar y alzar caña por 500 pesos moneda nacional. Ni aun por mil. El que dude de lo que escribo, solo le invito a realizar dicha labor durante un mes. Luego que me cuente.

Hoy por hoy, los 1,2 millones de toneladas registrados por la Oficina Nacional de Estadísticas, para la zafra 2009-2010, representa una pérdida multimillonaria para la economía. Eso lo saben los hermanos Castro Ruz. Haciendo zafra, en vez de ganar, pierden.

La carencia de caña, no es más que el resultado de la centralización agrícola del régimen. Los agricultores nada tienen que ver con los obreros agrícolas, a no ser durante la cosecha.

Querer que un obrero agrícola haga las veces de agricultor solo se le puede ocurrir a un ignorante o a un malintencionado.

<u>Los hermanos Castro Ruz no son ignorantes.</u>

De los 61 centrales que quedaron en activo, solo funcionan 44 y el azúcar cubano continúa dando pérdidas.

Los dinosaurios, en el poder, culpan del descalabro al clima y a "presiones políticas" (no se atreven a culpar al imperialismo). De forma solapada, culpan también a los obreros agrícolas diciendo que cortan las cepas de caña antes de tiempo.

¿No sería más razonable culpar a los funcionarios del régimen encargados de supervisar esas funciones?

Por otra parte, los pequeños agricultores cubanos, que son dueños de solamente el 25% de las tierras productivas del país y los que verdaderamente llevan bajo sus hombros el peso de la decadente agricultura, son culpados de preferir el cultivo de arroz, boniato, malanga y crianza de cerdos, porque los funcionarios consideran (no sin razón) que son más lucrativos.

¿Qué pretenden los funcionarios de Fidel y Raúl Castro?

¿Qué los pequeños agricultores que hoy mantienen desabastecidos el libre mercado, cultiven caña de azúcar?

Eso no se lo cree, ni el que asó la manteca.

Es tarde. De nada vale una revisión de la política de precios. Eso tardaría el tiempo que no tiene la dictadura. La revisión necesaria sería, en todo caso, volver a tener dueños de tierra y capataces y un "ejército" de un 25% de obreros agrícolas, lo suficientemente analfabetos para dedicarse a la siembra y cosecha manual de la caña de azúcar. Cortar y alzar a mano y transportar en carretas de bueyes hasta los centrales. Otra cosa sería la modernización de las fábricas, la reparación de las vías férreas (de vía estrecha) y las locomotoras.

Nada de esto tiene que ver con los hermanos dictadores.

Sin caña, los centrales no pueden producir azúcar. Sin caña, no es posible obtener bioelectricidad. Sin caña, no hay ron ni alcoholes derivados para la industria farmacéutica, de cosméticos o, para la producción de combustibles, alimentos para la ganadería y otros.

Al igual que un yacimiento de petróleo, la agroindustria necesita de inversiones. Solo que, en el caso del petróleo las inversiones son realizadas por empresas extranjeras, a riesgo.

Una de estas empresas, la Sherritt, conocida en los Estados Unidos como Viridian, se interesó por realizar un experimento y arrendar un Central Azucarero.

El estudio de mercado dio como resultado final que era necesario garantizar una cantidad de tierra cultivable de la cual obtener la materia prima para abastecer el Central y una mano de obra subordinada directamente a la empresa.

Resultaron totalmente imposible: Las tierras y la mano de obra. El régimen no estuvo dispuesto a entrar en éste tipo de negociación.

El descalabro de nuestra agroindustria no es culpa de nuestros técnicos. Prueba de ello son los resultados obtenidos en diferentes países.

<u>En tanto el desgobierno de los hermanos Castro Ruz prevalezca, desenredar los nudos de la improductividad es totalmente imposible.</u>

Vale más un país monoproductor, que un país improductivo.

¡Tanto Monta!

Lunes, 21 de junio de 2010

<u>Otra profecía de Fidel Castro y mucha mala intención</u>

¿Qué pretende Fidel Castro, al decir que ni Obama, ni el presidente de Corea del Sur han podido explicar lo ocurrido al caza submarino Cheonan?

¿Por que acusa a los Estados Unidos de haber participado en el hundimiento? ¿Dónde están las pruebas Fidel Castro?

¿Que pretende Fidel Castro al mezclar los sucesos de Corea y los del medio oriente? ¿Por qué asevera (sin pruebas) que los Estados Unidos crearon el poder nuclear de Israel? ¿Acaso Fidel Castro es el único dueño de la verdad? ¿Qué pretende Fidel Castro defendiendo la, según él, "indoblegable" resistencia de Irán? ¿Será que, para Fidel Castro, el fundamentalismo islámico es una "tradición religiosa?

El Nostradamus tropical profetiza que Irán no se plegará.

No contento con su profecía, culpa al campeonato mundial del football, de ser el culpable de arrebatarle (a los habitantes del mundo) todas las horas libres de su tiempo.

Barrabasada tras otra, Fidel Castro se considera, a sí mismo, el único ser humano capaz de tener tiempo (no tiene otra cosa que hacer) para seguir las incidencias del mundial y a la vez conocer todas las noticias que la televisión, la radio y la prensa escrita divulgan. Las noticias de Internet no le interesan. Se encuentran (debido a su avanzada edad) más allá de sus posibilidades intelectuales.

Si nos dejamos guiar por Fidel Castro, llegaremos a la conclusión de que es el único "político" del mundo, que "no tiene" asesores que le hagan llegar las informaciones. A Fidel Castro le molesta la modernidad. Le incomodan los teléfonos celulares. Para Fidel Castro, son portadores de efectos nocivos a la salud humana. No obstante, es capaz de reconocer la malsana envidia, que siente, al no haber disfrutado de esos "equipitos" en sus años mozos.

Cuando le conviene, Fidel Castro tiene una memoria muy corta.

Hasta hace muy poco tiempo se negó a firmar el tratado de no proliferación nuclear. Ahora que no tiene el respaldo de la extinta URSS y ha "desistido" de su termonuclear de Juragüá, acusa (digo nuevamente) sin pruebas, a Israel, de poseer el arma atómica.

Se refiere a "los pobrecitos iraníes" que solamente están enriqueciendo el uranio hasta el 20%. ¿Por qué los van a sancionar?

Pero es que el fundamentalismo islámico es tan malo, o peor que el fascismo. Ahora el gobierno islámico de Irán ha decidido apoyar, a los terroristas de Hamas, mediante la protección militar a las llamadas "flotillas de la libertad".

Hay muchos cómplices. Entre ellos, el gobierno turco (país miembro de la OTAN), que ha prestado su territorio para la salida de los barcos. También pudiera ser acusado el gobierno irlandés, de haber hecho otro tanto.

Y no quiero justificar, con esto, el bloqueo de la franja de Gaza, que considero tan salvaje (desde un punto de vista económico) como el bloquebargo al desgobierno de los hermanos Castro Ruz.

El asunto es que nadie quiere respetar las decisiones de las Naciones Unidas y el organismo internacional se muestra incapaz de sancionar y los gobiernos que hacen caso omiso de sus resoluciones.

Fidel Castro profetiza que Israel destruirá las instalaciones donde Irán enriquece el uranio que produce.

El gran culpable: El Imperio estadounidense y no los fundamentalistas que intentan dominar al mundo, a petróleo, sangre y fuego, con sus lunáticas creencias, que afectan hoy en día a gran parte de la humanidad.

domingo, 27 de junio de 2010

Frei Beto, el Arco del Triunfo y el Octavo Mandamiento

Lo que en nuestros días conocemos como socialismo, no es otra cosa que un totalitarismo neo feudal. De manera que decir, que estructuralmente, ese sistema, es más justo que el capitalismo, es un soberano disparate. Otra cosa sería decir que las ideas socialistas, teóricamente parezcan más justas.

El asunto es que durante casi un siglo, se realizó el intento de experimentar, en la práctica, esas ideas y la resultante nos ha llevado al convencimiento de que al desaparecer las libertades fundamentales, la economía de mercado (impulsora del desarrollo económico moderno) la producción no tiene otro camino que la involución.

Podemos culpar a Stalin de abandonar el "proyecto originario" de Lenin. No creo que León Bernstein lo hubiera hecho mejor. El meollo está en, como un sistema de partido único, puede ser democrático. ¿Son acaso los proletarios los que detentan el poder en una dictadura llamada del proletariado? Mejor sería decir, Sr. Frei Beto, "la democracia de los funcionarios". De esa forma no estaríamos incumpliendo el octavo mandamiento.

Menciona el proyecto originario, al que titula "de los soviets". Sr. Beto: soviet, en ruso, quiere decir "consejo". No se cual otra acepción le dará usted, sin mentir.

O sea, usted admite que al implantarse la "dictadura del proletariado", lo que se instauró en la URSS, fue una continuación del régimen feudal zarista. En lo que no podemos coincidir es en el llamado "centralismo democrático". En una dictadura esa condición no existe.

Los revisionistas chinos, desde principios de la década de los años 80 del pasado siglo, permitieron la entrada del capital de los antiguos opositores del régimen comunista. A lo mismo estaba abocado el régimen soviético. Cuando Gorbachov lo intentó, ya era demasiado tarde.

La batalla económica se había perdido desde hace mucho tiempo.

Los rusos, no conquistaron el espacio Sr. Beto. No falsee la historia. En todo caso salieron primeros, al espacio exterior terrestre, al costo de sumir en la miseria a las cuatro quintas partes de las 15 repúblicas "afiliadas" al sistema. Y digo afiliadas entre comillas, debido a que la mayoría de esas repúblicas fueron impuestas por la bota del ejército rojo. Ejército que había sido minado por el partido bolchevique. Todo lo demás, como el tan cacareado (por regímenes fascistas) "hombre nuevo" son puros cuentos de caminos.

La tiranía de los hermanos Castro Ruz no es ninguna excepción. El pueblo de Cuba ha tenido la desgraciada suerte de verse (por la fuerza) sometido al único sistema totalitario neo feudal en la historia del mundo occidental. La diferencia entre lo ocurrido con las tiranías europeas, es precisamente, el aislamiento a que se ve sometida desde el punto de vista geográfico y a unos des-gobernantes que prefieren dejar morir en la miseria al pueblo, para ellos morir "con las botas puestas". Eso es lo que ha representado para el pueblo cubano la caída del muro de Berlín y el desmerengamiento de la Unión Soviética.

El régimen de los hermanos Castro Ruz ha demostrado en los últimos años lo "adelantado" que está en lo tocante a la justicia social. No se esfuerce en traer a colación las estadísticas de la ONU, que solo sirven para y por los intereses de un grupo de representantes de países neofeudalistas a nivel de la organización internacional.

Oficialmente nunca ha sido negada la libertad individual de los ciudadanos cubanos, ni aun cuando representase una amenaza a la seguridad del régimen impuesto o, a sus nefastas prácticas económicas, controladas todas por el desgobierno totalitario. Extra-oficialmente, todas han sido negadas, incluyendo las fases de sectarismo.

Oficialmente nunca fueron prohibidas las denominaciones religiosas, pero extra-oficialmente fueron perseguidas con saña. Los templos no fueron cerrados, pero los sacerdotes fueron expulsados convenientemente y los creyentes excluidos de los centros de enseñanza y de trabajo.

Ya en plena decadencia del régimen de los hermanos Castro Ruz, se efectuó la visita del Papa Juan Pablo II. Muchos principios, que en su momento fueran irrecusables, habían cambiado.

El régimen totalitario se muestra incapaz de conjugar libertad y neofeudalismo. Es una contradicción insuperable. En mi país no existe democracia. Los hermanos dictadores jamás permitirán la flexibilización del mono-partidismo, ni rotación en el poder mientras vivan. Las críticas al régimen continuarán siendo manifestaciones contrarrevolucionarias.

Mientras tanto, el modelo económico continuará explotando a la población, culpándola de todos los errores (cuando el régimen se vea incapaz de culpar al imperialismo) y los bienes serán, cada día, más escasos.

El nuevo feudalismo y la libertad, son antagónicos entre sí, de modo que el ser humano se ve privado de ese moderno derecho fundamental, restringido hasta para la casta de funcionarios.

El principio "a cada uno según sus necesidades, de cada uno según sus posibilidades", es adulterado por Frei Beto.

El principio marxista reza de la siguiente forma:

En la fase socialista, "de cada cual según su capacidad y a cada cual según su trabajo".

Al alcanzarse el comunismo: "de cada cual según su trabajo y a cada cual según sus necesidades".

El primero de estos principios jamás se ha cumplido en Cuba, bajo la tiranía de los hermanos Castro Ruz.

De manera que, según lo que dice Frei Beto, el pueblo cubano no puede estar realizado y mucho menos feliz.

lunes, 28 de junio de 2010

El Armagedon del Golfo Pérsico o del Estrecho de Ormuz (según Fidel Castro)

Los vaticinios catastrofistas se aproximan "aceleradamente". Algo me recuerda al cuento popular italiano de la "gallina picoreta".

Dice Fidel Castro que hoy está más tranquilo que hace 26 días. Al parecer la caída del cielo no es tan inminente como profetizaba un mes atrás.

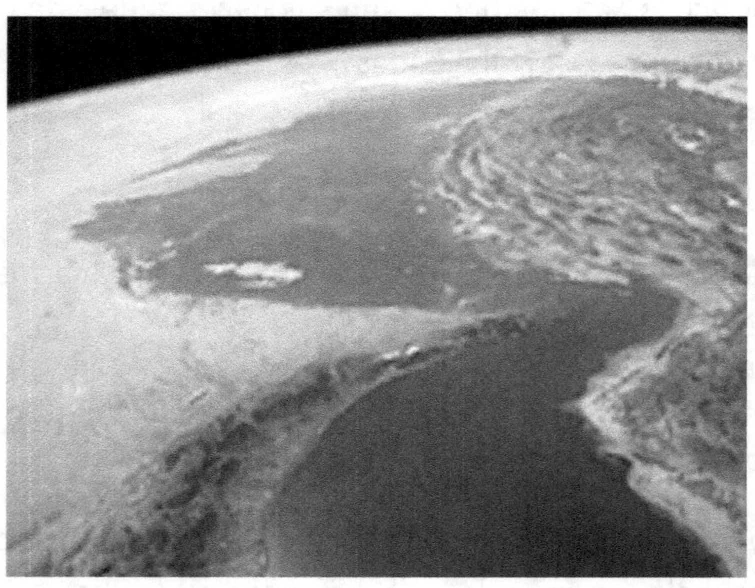

La palabra Armagedón deriva del monte Megido (Har Megido en hebreo), el sitio donde ocurrió la famosa batalla del siglo XV (antes de Cristo), conocida como el fin del mundo.

En esta ocasión, Fidel Castro vaticina que la bestia imperialista se reunirá en el Golfo Pérsico para luchar contra el fundamentalismo islámico, pero será derrotado por los "Guardianes de la Revolución", y la economía del mundo occidental se derrumbará como castillo de naipes junto con el "falso" premio Nobel de la Paz.

El pronóstico fidelista es tan agobiante que tan pronto como antes de finalizar el campeonato mundial de balompié, ocurrirán los gravísimos acontecimientos.

Fidel Castro cita a una agencia internacional de noticias, que según él, es conocida por su minuciosidad en los detalles de las informaciones que elabora (agencia de noticias Merh de Irán) para decir que el General Ali Fadavi, Comandante de la Armada iraní, advirtió que si Estados Unidos y sus aliados inspeccionan a los barcos iraníes, en aguas internacionales, recibirán una respuesta en el Golfo Pérsico y en el Estrecho de Ormuz.

Cualquier parecido con "la madre de todas las batallas" es solamente una coincidencia.

Al más puro estilo de Saddam Hussein (scuds), Ali Fadavi añadió que Irán cuenta con centenares de embarcaciones dotadas con lanzadera de misiles.

Fidel Castro no alberga la menor duda de que tan pronto las naves de guerra occidentales (por llamarlas de algún modo) ocupen sus puestos e inspeccionen (Fidel Castro dice "que intenten) el primer buque "mercante" (las comillas son mías) de ese país, se desatará una lluvia de proyectiles en una y otra dirección, dando inicio al Armagedón.

A estas alturas, a Fidel Castro no le importa (en lo absoluto) que el 100 % de sus compatriotas lo consideren totalmente senil. Dice que ha conversado con sus más allegados (tal vez con Atilio Borrón), los cuales no impugnan (por ser nobles, abnegados y cumplidores) en lo más mínimo sus reflexiones. Todo lo contrario, tragan en seco y no contrarían al decrépito ancianito, pero no le hacen ni gota de caso.

A Fidel Castro se le olvida que, al permitir la basificación de las unidades de cohetes estratégicos de la URSS en Cuba, fue el causante de la Crisis de Octubre y no solamente el pueblo de Cuba estuvo al borde de un ataque nuclear en 1962.

Siempre haciendo el papel de víctima, que no de victimario, insiste una vez más en que las fuerzas cubanas de intervención en Angola estuvieron a punto de ser atacadas con artefactos nucleares por parte del gobierno del apartheid surafricano.

Confunde los hechos (en los cuales no estuvo presente físicamente) y dice que las fuerzas surafricanas fueron desalojadas de Cuito Cuanavale, cuando la verdad histórica ha demostrado que se retiraron organizadamente, cumpliendo los puntos de acuerdo surgidos en las conversaciones cuatripartitas.

Afirma (sin pruebas) que el Pentágono suministró a África del Sur (en aquella época) 14 armas nucleares a través de Israel.

La historia ha demostrado que el 22 de Septiembre de 1979 un satélite Vela detectó pruebas atómicas con artefactos de baja potencia cerca de la isla Príncipe Eduardo, perteneciente a África del Sur, en el Océano Indico y todos los analistas de los principales países del mundo responsabilizaron con las mismas a los gobiernos de África del Sur e Israel.

Después de 1979 los científicos surafricanos le entregaron el proyecto de armamento atómico a los ingenieros de la ARMSCOR que se dedicaron a miniaturizarla y prepararla para ser usada como armamento en aeroplano o en misiles.

http://www.fas.org/nuke/guide/rsa/nuke/ocp27.htm

Pongo en duda que los surafricanos estuvieran decididos a utilizar el arma nuclear, a no ser que se viera implicada la soberanía del territorio propio. No por defender el territorio de Namibia que hacía mucho tiempo que por derecho no les pertenecía. En aquellas circunstancias no era político utilizar el arma atómica. Dudo también de la capacidad de África del Sur para transportar una ojiva nuclear tan siquiera.

http://manchiviri.blogspot.com/2007/02/influencia-del-armamento-nuclear.html

Si Fidel Castro dice, que no es profeta, ni adivino: ¿Qué rayos es lo que pretende? ¿Dónde está la lógica de su razonamiento?

Para aquellos que de una forma u otra, tuvimos la oportunidad de estudiar el arma atómica (en las academias soviéticas) sabíamos (y aun sabemos) de las dificultades que van aparejadas con la utilización del arma nuclear.

Muy poco se sabe de las consecuencias derivadas de una explosión nuclear y sus secuelas que pueden afectar no solo a los enemigos, sino también a los amigos.

Al final de su última profecía se dedica a enumerar los males que desencadenaría "su guerra nuclear anunciada" y se pregunta si Rusia y los Estados Unidos se abstendrían de utilizar el arma nuclear entre ambas naciones.

Fidel Castro culpa a la resolución de las Naciones Unidas como la causante de desatar el Armagedón.

No tengo dudas de que Fidel Castro está chocho, decrépito y padece una locura senil peligrosísima.

domingo, 11 de julio de 2010

Raúl Castro y el balompié totalitario

El General dictador alcanzó un reñido empate contra la selección de la Unión Europea, encabezada por Miguel Ángel Moratinos, al supuestamente concluir las negociaciones de deportación de un número indeterminado de presos de conciencia de las cárceles del régimen totalitario.

Durante su estancia de dos días, Moratinos fue recibido por Raúl Castro, en compañía del árbitro de la Santa Iglesia Católica, el Cardenal Ortega, además de sostener conversaciones y contactos con el funcionario del régimen para las relaciones exteriores.

En vista de que el dictador no conseguía llegar a ningún acuerdo directo con la Unión Europea, acudió a la Santa Iglesia Católica para que sirviera de mediadora y no tener que "plegarse" ante las exigencias europeas.

De manera que, el arzobispado de La Habana ha dado a conocer una nota, que apenas aparece divulgada por la prensa del régimen totalitario, en la cual se anuncia que el desgobierno neo-feudal les ha informado que liberarán (deportarán), en un período de cuatro meses, a los 52 prisioneros de conciencia restantes de los 75 encarcelados desde la primavera negra del año 2003.

El canciller español ha sido convertido por Raúl Castro, en la celestina del Vaticano. ¡Triste papel! Desde el momento que la Santa Sede no tiene territorio donde acoger a los prisioneros de conciencia, nadie mejor que Moratinos para acoger en el seno de la madre patria a los que serán deportados.

No obstante y no exento de razón, el Ministro de Exteriores de su Majestad el Rey Don Juan Carlos, proclama a los cuatro vientos (como si él fuera el vencedor) que no tiene ningún sentido que se mantenga la Posición Común que impone la UE a Cuba desde 1996.

Raúl Castro se ha burlado del mundo. Su hermano encarceló a los 75 opositores acusándoles (mentira) de prestar servicios a una potencia extranjera. El dictador de turno logra deportarlos, ante la indignación mundial por las huelgas de hambre, hasta la muerte, ocurridas este año y las protestas de las Damas de Blanco.

Sin lugar a dudas, nuevamente políticos llamados "socialistas" les sacan las castañas del fuego a los hermanos Castro Ruz. Esta vez, en contubernio con la caridad católica. Ahora falta que la Unión Europea retire la Posición Común y permitan que la decana de las dictaduras, del mundo en que vivimos, respire nuevamente.

domingo, 18 de julio de 2010

El amor, madre, a la Patria

A quienes unen y defienden, a quienes confían en aquellos que fuimos "educados" por el régimen totalitario. A aquellos que desde lo más profundo del corazón sienten el orgullo de ser cubanos sobre todas las cosas y que se han visto obligados a emigrar, dedico éste artículo.

Nuestra historia se encuentra saturada de frases, supuestamente históricas, sino fuera por la retórica fidelística (mentirosa y ultrajante), con la cual pretenden continuar engañando, no solamente al pueblo cubano.

Cada día me convenzo más que los hermanos dictadores se pasan por el arco del triunfo los principios que tan pomposamente han proclamado como inalterables.

Tampoco el caudillismo es ajeno a nuestra historia reciente, ni el tan cacareado igualitarismo (absurdo y ridículo) o la patriotería barata y la deuda "eterna" a los pueblos del África negra.

Tal y como sería imposible dejar de ser un pueblo mestizo, nada de lo dicho en el párrafo anterior resolverá el cincuentenario deterioro del nivel de vida de nuestro pueblo.

El régimen totalitario se encuentra en un momento de definiciones. Cada día que pasa la situación económica empeora y los ancianos dictadores no encuentran como morir con las botas puestas.

Cuatro décadas de sangre y dolor del pueblo cubano ha sido el precio pagado para que ellos y sus acólitos vivan como señores feudales en la tierra que nos vio nacer (a ellos y a nosotros).

A estas alturas, les resulta imposible utilizar las llamadas "organizaciones de masas" (grupos de respuesta rápida o, mejor aún, esbirros al servicio de la dictadura), masca-tuercas de prebendas y chupa-aceites malversadores del erario público, para movilizar a nadie en aras de la defensa de nadie.

Los humildes hace mucho fueron abandonados por la satrapía

No olvidemos jamás que muchos hijos de la patria, andamos desperdigados por el mundo, mientras nuestras familias, que quedaron en Cuba, sufren las miserias y rencores de una caterva de explotadores disfrazados de "socialistas", que se dedican a exacerbar el odio, pretendiendo proteger el "futuro" común.

El amor, madre, a la patria

No es el amor ridículo a la tierra,

Ni a la yerba que pisan nuestras plantas;

Es el odio invencible a quien la oprime,

Es el rencor eterno a quien la ataca;

-Y tal amor despierta en nuestro pecho

El mundo de recuerdos que nos llama

A la vida otra vez, cuando la sangre

Herida brota con angustia el alma;

-La imagen del amor que nos consuela

Y las memorias plácidas que guarda.

El derecho a la Patria es de todos y pasa por la esperanza de un futuro mejor, donde no exista el ego y las vanidades del caudillo, ni el egoísmo de funcionarios corruptos. Es la defensa de una nación que un grupo de energúmenos ha pretendido destruir durante cinco décadas.

lunes, 19 de julio de 2010

Fidel Castro confunde cornetas con vuvuzelas

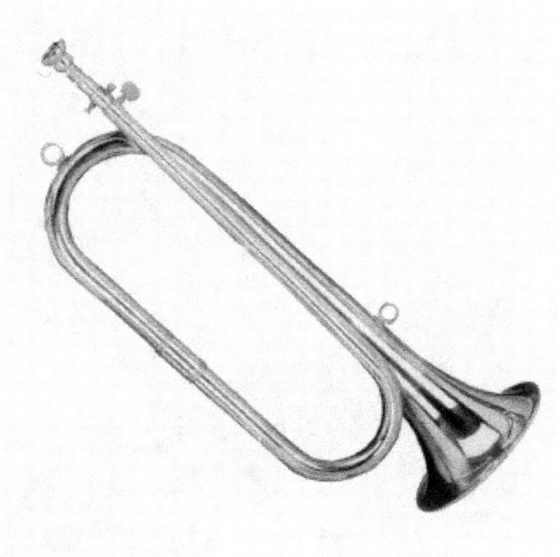

Las vuvuzelas rompían tímpanos. Fidel Castro insistía en tocar a degüello utilizándolas. Vaticinaba vientos de guerra. Su tiempo pasado, ya pasó.

De repente, en medio de la deportación de los prisioneros de la Primavera Negra, re-apareció (como el negro Félix)*. Insiste, en un video (que jamás apareció en vivo), de los males que ocurren fuera de Cuba.

Una vez más demuestra que su pueblo le es totalmente ajeno.

Continúa vaticinando un conflicto bélico que a él se le antoja de dimensiones catastróficas. Intenta defender al Irán de los fundamentalistas ayatólicos y sus aliados. Vuelve a culpar al imperialismo y confunde la "guerra santa" del Islam, con la defensa de los valores democráticos. A estos últimos les llama "mentiras y calumnias".

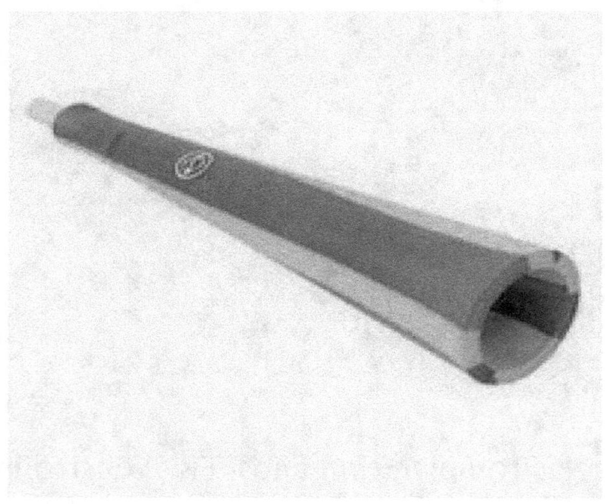

Una ves más son los yacimientos de recursos naturales no renovables (que se encuentran en Irán y el medio oriente) es el motivo esencial. Allí, donde el fundamentalismo islámico cobra cada día mayor fuerza, precisamente por causa del petróleo.

Se impone una pregunta: ¿Qué harían los países islámicos si el petróleo, que hoy extraen, con tecnología occidental, (por llamarle de alguna forma) dejara de ser consumido? ¿Para que rayos serviría entonces el "oro negro"? ¿A parte de los países industrializados, cuales otros consumen el petróleo para producir bienes materiales?

Fidel Castro intenta vender la retorcida idea de que las situaciones que provocan los países islámicos, en el Medio Oriente son consecuencia de un enfrentamiento religioso entre musulmanes y judíos. Si los países musulmanes acataran las resoluciones emitidas por las Naciones Unidas, nada de esto ocurriría.

Fidel Castro: La llamada "Guerra Santa Moderna" es un engendro islámico, ataviado de un fundamentalismo religioso extremo, carente de lenguaje jurídico legal. No es otra cosa que una manipulación premeditada del Islam, que trata de utilizar, a sus fieles, en una cruzada absurda (por fanática) en contra de los países desarrollados.

En el marco de una crisis provocada por los especulativos precios del petróleo, a Fidel Castro lo único que se le ocurre es pronosticar una guerra nuclear: En 1999 el barril costaba menos de diez dólares. En 2008 llegó a valer 150 dólares.

La participación del octogenario terrorista, en actividades públicas, en el momento de excarcelar a los prisioneros de conciencia de la negrísima primavera del 2003 tiene carácter estratégico para el régimen totalitario. No es meramente simbólico.

¡Que no piensen los neo-feudalistas, ni los proyectos de gobernantes totalitarios sur americanos, que nos han pasado gato por liebre!

Tanto los llamados "Guardianes de la Revolución Islámica", como los "Guardianes del Sistema Totalitario Neo-feudal de los hermanos Castro Ruz" serán absorbidos por el sistema de mercado sin guerra o con ella.

Los llamados "Ángeles de la Guarda" de los hermanos Castro Ruz, han sido pasados (hace ya muchos años) por el paredón de fusilamiento. Esos ángeles se convirtieron en la mentira cincuentenaria y en la traición a los ideales democráticos del pueblo cubano, por parte del ego centrista empedernido y del mojigato de su hermano.

El ex – comandante en jefe, el ex – dictador, el ex – enfermo, el ex – muerto en vida, ahora se dedica a utilizar sus dotes de vedette para intentar opacar el triunfo de la disidencia, alcanzado por las Damas de Blanco, por Orlando Zapata Tamayo y por Guillermo Fariñas.

*** El negro Félix, es la variante caribeña del "Ave Fénix".**

domingo, 25 de julio de 2010

El Poder y Fidel Castro

Dentro del sistema totalitario algunos se lamentan que el engranaje estructurado por los hermanos Castro Ruz, provoque una disfunción entorpecedora del funcionamiento de la vida del pueblo cubano.

Algunos analistas apuntan que es, como si estuviéramos ante un guión teatral imperfecto y una lamentable puesta en escena.

Ha sido, y muchos así ya lo presumen, una elección malvada. Ya nadie duda de que hayamos sido un país sujeto a una tiranía despiadada. No somos la nación que queríamos, la democrática, la de justicia, la de libertad, sino la que, tras la traición, nos impusieron. El acoso metódico de la población, agravado por distorsiones comunes al sistema estalinista dio lugar a una dictadura desconocida en el hemisferio occidental.

Razón tenía mi progenitor, cuando al final de sus días (refiriéndose a Fidel Castro) profirió unas palabras que me llegaron a lo más profundo. "Que lástima, nos equivocamos. Un muchacho (refiriéndose a Fidel Castro) con una ideas tan brillantes..." ¡Todavía creía! El mismo había dudado acerca de las bondades del sistema soviético, en los convulsos años 60, luego de una visita a la URSS.

El ansia liberadora de los pueblos, en manos de los barbudos de la Sierra Maestra, de pronto se transfiguró en culto a la personalidad, burocratismo e inercia.

El neo-feudalismo, como referente de la enajenación humana, ha tenido dos renacimientos. El primero, de la mano de Fidel Castro al traicionar la revolución de los cubanos contra la dictadura de Fulgencio Batista e imponerle al pueblo cubano una dictadura, mal llamada del proletariado. El segundo, después del desmerengamiento (como le gusta decir a Fidel Castro) de la URSS. No me estoy refiriendo a la asombrosa resistencia del régimen de los hermanos Castro Ruz, sino a la desmañada "revolución bolivariana" de la mano del proyecto de dictador totalitario llamado Hugo Chávez Frías.

La historia, al fin y al cabo les pasará la cuenta. A los hermanos Castro Ruz y su sistema copiado ya se le han acabado las mentiras con las que, durante décadas, han engañado al pueblo. La dependencia histórica les persigue, pero se niegan a ser satélites de Chávez aunque no les quede otro remedio.

Sería un soberano disparate pretender que a partir de unos ancianos terroristas se pudiera gestar otra resurrección totalitaria. ¿Otra más? ¿Una V Internacional?

Efectivamente, pueden intentar que renazca el instrumento avasallador de los pueblos. Lo que sería totalmente imprudente sería utilizar la traicionada idea de Ulianov que, entre otras cosas decía: "Sería ridículo presentar lo ocurrido en Rusia, como una especie de ideal para todos los países".

Vladimir Ilich sabía que para alcanzar el poder era imprescindible minar las bases del sistema feudal zarista y que para ello le era imprescindible utilizar el embrión burgués. Lo que no sabía era que tras su muerte, se impondría un personaje, por demás asiático, que no tenía idea alguna del significado de la palabra democracia. Partiendo de que nunca existió tal unión, Yosef Dugashvili dirigió a la Unión Soviética mucho peor de lo que lo hubiera hecho el Zar Nicolás.

Vladimir Ilich estuvo equivocado desde el principio. En Rusia no existía capitalismo, ni sistema de mercado. Imperaba una monarquía feudal, con algunos atisbos burgueses. Lenin se robó la revolución burguesa rusa y la convirtió en una dictadura neo-feudal.

Luego se fueron hinchando como pavos y fueron, son y serán el hazmerreír del mundo entero. Sus fanfarronadas hacen miserables a los pueblos que oprimen.

Lunes, 26 de julio de 2010

Fidel Castro se corrige.

El Nostradamus caribeño afirmó el 4 de julio, del presente año, que Estados Unidos no cedería, ni Irán tampoco. No acertó.

Decía también que en casi todas las guerras, una de las partes desea evitarla y a veces las dos. Vaticinaba Fidel Castro, que en este caso una de las partes no desea la guerra. Seguramente que el Gran Maestro adivinador debe suponer que sea Irán, aunque no lo diga por lo claro.

Dice Fidel Castro que, en relación al enriquecimiento del uranio, Irán defiende los intereses nacionales. ¡Por favor! Un país inmensamente rico en petróleo, defiende sus intereses nacionales enriqueciendo uranio. Por el contrario, Estados Unidos persigue (en este caso no defiende) propósitos bastardos (según Fidel Castro) y groseros intereses materiales.

Fidel Castro no dice en ningún momento que esos propósitos bastardos, a los que tan groseramente se refiere, se tratan nada menos que de impedir la expansión del fundamentalismo extremista islámico sobre los países desarrollados y en vías de desarrollo. Los intereses materiales, sí, efectivamente, el petróleo que mueve la industria que hace posible el desarrollo de la especie humana.

Fidel Castro insiste por enésima vez que el objetivo de encausar al extremismo fundamentalista mediante presiones económicas no dará resultado y conducirán a la más terrible de todas las guerras. Dice que el presidente de los Estados Unidos es un mentiroso cuando se pronuncia por una humanidad libre de armas nucleares, pues intenta cambiarlas por otras aun más destructivas e idóneas para "aterrorizar" a los dictadores que como Fidel Castro torturan a sus pueblos con total impunidad.

Haciendo uso de su refinada demagogia, Fidel Castro se "auto-critica". Había vaticinado el comienzo de la hecatombe para el día 27 de junio del presente año, pero "no se dio cuenta" (infeliz viejito) que había un paso previo.

La culpa de semejante descalabro no la tuvo Fidel Castro, sino un simple funcionario que "se durmió". ¡Mal la debe estar pasando!

Fidel Castro culpa también a dos Estados poderosos, con autoridad y prestigio, que no ejercieron su derecho al veto (no los menciona por su nombre) y cataloga de pérfida la resolución de las Naciones Unidas. En fin, Fidel Castro contra el Mundo. Todos están equivocados. Hasta sus pretendidos "amigos" rusos y chinos. El único que tiene razón es el Megalomaníaco dictador caribeño.

Se divierte muchísimo, diciendo que ha logrado el vaticinio observando lo que sucedía, "como dirigente político que fui", pero se olvida que aun hoy es el Primer Secretario de un Partido que a el se le antoja que sea comunista.

Fidel Castro prefiere alimentar su ego, antes que alimentar al pueblo de Cuba.

domingo, 1 de agosto de 2010

La liberación de presos de conciencia: una victoria del pueblo cubano.

El miércoles 7 de julio, el Cardenal Jaime Ortega hizo pública la liberación de los presos de conciencia por parte de la dictadura neo-feudal de los hermanos Castro Ruz. Se trató de una amañada concesión de principios por parte del régimen totalitario. No era una amnistía, ni tenía carácter de inmediatez. Tergiversando los hechos han tratado de pasarnos gato por liebre.

No fue el Cardenal Jaime Ortega Alamino el que contactó al desgobierno. Todo lo contrario. Raúl Castro se encontraba y aun se encuentra presionado por la opinión pública internacional. Todo se debe a la muerte en prisión (como consecuencia de una huelga de hambre) de Orlando Zapata Tamayo, la huelga de hambre de más de cien días de Guillermo Fariñas y las manifestaciones públicas de las Damas de Blanco. Son solo tres de las muchas consecuencias que ha tenido el encarcelamiento (durante más de siete años) de 75 personas por el solo hecho de disentir de un desgobierno totalitario.

Desde la llegada al poder del Partido "Socialista" Obrero Español (PSOE), el Ministro de Exteriores de Su Majestad el Rey Don Juan Carlos ha insistido una y otra vez en la necesidad de convencer a los hermanos Castro Ruz de que solo con la liberación de los prisioneros de conciencia, se podría hacer algo para intentar suprimir la posición común de la Unión Europea en el caso del régimen totalitario.

Si fuese verdad que el sistema de prisiones del régimen totalitario concede licencia extrapenal a los sancionados que presentan problemas de salud, no estuviese muerto Zapata y Fariñas no hubiera tenido necesidad de pasar más de cien días en huelga de hambre.

Raúl Castro busca ansiosamente una moneda de cambio que le alivie las tensiones internas y afloje la tensión exterior.

Moratinos necesita que el desgobierno cubano pague, la deuda contraída con los empresarios españoles en Cuba. Los empresarios españoles no reciben absolutamente nada desde hace siete años. De ahí, que a cuenta gotas, desde el año 2004 se hubiesen beneficiado de estas negociaciones, 21 prisioneros de conciencia.

Ver: http://manchiviri.blogspot.com/2010/03/el-regimen-de-fidel-castro-no-negocia.html

El desgobierno de los hermanos Castro Ruz carece de diálogo y las decisiones que toma se basan en sus conveniencias propias.

Presiona y chantajea, cuando no le paga a sus socios españoles.

Intentó imponer como condición previa a la excarcelación, el levantamiento de la Posición Común Europea.

Todavía pretenden que se les respete.

Los presos de conciencia del régimen totalitario fueron juzgados en "juicios sumarísimos" y condenados por "tribunales" del desgobierno. El mismo régimen que mantiene bajo estricto control los tres poderes del Estado y por tanto tiene secuestradas, desde hace más de cincuenta años, las leyes del país.

Otro tanto ha hecho con los medios de comunicación.

Los hermanos Castro Ruz jamás han dialogado y mucho menos respetuosamente.

Recordemos los ejemplos históricos: ¿Quieren la devolución de los prisioneros de Bahía de Cochinos (Playa Girón)? Paguen el rescate: Prisioneros por compotas.

Los acuerdos migratorios ocurrieron luego de más de 150 mil cubanos huyendo en barcos y balsas (pateras) hacia los Estados Unidos.

Los contactos e intercambios con las diferentes denominaciones religiosas fue otra de las concesiones de sus "principios". Cuando el pueblo acudía a la fe, ante la impasividad del desgobierno frente al descalabro económico, se vieron obligados por la fuerza de las circunstancias.

El régimen se encuentra hoy muy debilitado. Ha tenido que acudir a la Iglesia Católica, aunque jamás hayan tenido una comunicación franca y mucho menos sistemática con las organizaciones religiosas del país.

Muchos años transcurrieron antes de que creyentes y

ateos tuvieran casi los mismos derechos. Eso es una prueba fehaciente de la injusticia social que ha mantenido el régimen de oprobio.

Estas conversaciones han sido iniciativa del desgobierno de los hermanos Castro Ruz, ante la presión ejercida por Zapata, Fariñas y las Damas de Blanco, respaldados por la comunidad internacional; incluyendo una gran parte de los intelectuales izquierdistas.

La Unión Europea no mordió el anzuelo de levantar la Posición Común y los hermanos Castro Ruz no tuvieron otra alternativa que suplicar a la Iglesia Católica que intercediera en el asunto.

De esa forma han pretendido engañar a la opinión pública internacional.

La mentira se descubre cuando la Iglesia Católica pide la intervención del Ministro de Exteriores del Reino de España, puesto que no tiene como acoger a los prisioneros de conciencia.

Más claro ni el agua.

De la misma forma, quieren que aceptemos que la salud de Guillermo Fariñas fue atendida por la magnanimidad del régimen. Ahora bien: Si no hubiera muerto Zapata, nadie sabe si Fariñas hubiera sido una más en morir. No fue solamente la actitud de Fariñas la que llevó al régimen a claudicar. Fueron una cadena de hechos.

Es triste que un hombre exponga su vida por una causa en la que cree. Es más triste aun que ese mismo hombre expusiera su vida cumpliendo misiones de combate en Angola por una causa en la que muchos creímos.

La mayoría de los que combatimos en Angola no nos percatábamos que nos manipulaban en aras de una megalomanía galopante.

Mucho más triste es, que muchos hombres hayan arriesgado la vida por el bienestar personal de una crápula dirigente de un sistema totalitario neo-feudal.

Es terrible que un hombre apueste a la muerte, para hacer claudicar a un régimen que mantiene a su pueblo, en afrentas y oprobios sumidos.

Ya hemos constatado que Raúl Castro Ruz es contrario al diálogo franco. Hace más de dos años le pidió al pueblo de Cuba que expresara sus sentimientos en tribunas abiertas. Ese mismo pueblo se mantiene en espera de reformas que ni por casualidad tiene pensado el régimen.

El desgobierno de los hermanos Castro Ruz, esta vez ha claudicado.

lunes, 2 de agosto de 2010

<u>Un hombre que nunca se ha servido de su Patria</u>

PRIMERAS FISURAS

Las Huelgas de África Sur Occidental (Namibia)

Las huelgas surgieron por la oposición de los Ovambos al sistema de control laboral del gobierno. Los obreros que se inscribían para trabajar en Windhoek o en las minas no podían decidir que trabajo iban a coger. Ellos simplemente eran asignados por los burócratas de una oficina empleadora. Un sistema muy similar empleado actualmente por la administración de los hermanos Castro Ruz. En Cuba los trabajadores que quieren emplearse en la industria turística del área dólar o en cualquier empresa extranjera establecida en el país, son asignados por los burócratas de una oficina empleadora del gobierno cubano para igual que el Partido Nacional Surafricano tener el completo control sobre las personas.

El gobierno de África del Sur respondió a las huelgas de la forma usual disparando contra los huelguistas y enviando de regreso a sus reservas mas de 4000. No se hizo esperar que las grandes compañías especialmente las minas comenzaran a presionar al gobierno por las perdidas que le estaba ocasionando la falta de empleados. Finalmente el gobierno tuvo que negociar y hacer concesiones. No fueron grandes pero fue la primera vez en 20 años que se sentara a negociar y hacer concesiones.

Después de los mineros se produjo la huelga de los empleados municipales de Durban. Igual que hicieron con los mineros, el gobierno reacciono violentamente y los cesanteo a todos. Durban es una localidad situada en un área calurosa y húmeda como la Florida. Otra vez en cuanto la basura comenzó a acumularse y la peste empezó a afectar a toda la ciudadanía el gobierno cedió a las demandas de los trabajadores. Los africanos obtuvieron una experiencia importantísima. En lugar de dejar que sus líderes o voceros se enfrentaran a las autoridades pudiendo ser arrestados, aprendieron a actuar unidos.

Las huelgas alcanzaron a la industria privada. Los primeros afectados fue la industria de la Construcción. Las huelgas al igual que en Cuba eran ilegales. Pero arrestando y procesando a los huelguistas no dio resultado. Los edificios no podían ser construidos si los trabajadores estaban tras las rejas. Tampoco podían ser remplazados rápidamente los operadores de equipos.

Entrenar nuevos, significaba meses de paro. El punto

clave es que los trabajadores estaban empezando a tener éxito obteniendo sus demandas laborales, no muchas, pero era evidente que el régimen no podía imponer libremente su voluntad. A principios de los ochenta el gobierno se vio obligado a cambiar las leyes y permitir a la mayoría no-blanca (Afrikáans) formar sus propios sindicatos. No les quedaba otra alternativa que aceptar la realidad.

Los sindicatos blancos también comenzaron a darse cuenta de los vientos de cambio. Con la escasez de mano de obra calificada en muchos oficios, estaba claro que mas pronto que tarde, a los no-blancos tendría que permitírsele entrar a esos oficios(de todas formas en realidad ya el trabajo verdadero en la mayoría de los oficios era realizado por no-blancos mayormente supervisados por estos.) Los lideres sindicales comenzaron a argumentar que era mejor permitir la entrada de los no-blancos en los sindicatos a que ellos formaran sus propios gremios, De esa forma por lo menos mantenían algo del control.

La dominación blanca no era amenazada inmediatamente por estos cambios, sin embargo había un hecho cierto el gobierno comenzaba a perder su habilidad de controlar el futuro y como este estaba evolucionando.

LA UNIDAD DE LOS AFRIKANDERS SE FRACTURA

Aunque siempre hubo pocos Afrikánder disidentes (un par de comunistas por una parte, un Beyers Naude por la otra, algunos escritores y artistas, etc.) los Afrikánder habían estado unidos de una forma destacada. Sin embargo con el estancamiento económico los Afrikánder urbanos comenzaron a ser mas afectados por los subsidios y el proteccionismo dado a los Afrikánder de la Agricultura. Esta situación condujo a un conflicto de intereses entre los dos pilares del Partido Nacional.

Otras divisiones comenzaron a ocurrir. Como resultado de los programas favoreciendo los negocios propiedad de los Afrikánder hizo que muchos otros se incorporaran abriendo nuevas empresas.

Estos hombres de negocio encontraron las mismas ineficiencias y obstáculos al desarrollo creados por el apartheid y con la mentalidad pragmática de negociantes norteamericanos e ingleses comenzaron a pedir cambios. Es mas, los Afrikánder envueltos en negocios comenzaron a pedir con urgencia la modificación y hasta el desmantelamiento del apartheid.

Ya a finales de los años 70, la creciente división comenzó a manifestarse dentro del partido nacional. Las dos tendencias dieron en llamarse los "Verligtes" (Los Iluminados) y los "Verkramptes" (Los Trancados). Los verkramptes querían mantener el apartheid tanto como fuera posible. Para muchas de estas personas, el apartheid nunca había sido sobre desarrollo separado, había sido una cuestión de dominación y baasskap. No obstante, el hecho de que el apartheid había sido siempre un sueño de probeta no importaba; la dominación seguía siendo el objetivo a mantener.

Eventualmente, algunos de los lideres verkramptes, dirigidos por el Dr. Treurnicht, el hombre responsable de la política del idioma para los Afrikáans y que encendió los disturbios de SOWETO en 1976, rompió con el Partido Nacional y creo el Partido Conservador. Su apoyo se concentro fundamentalmente desde las áreas rurales.

INTERVENCIONES EN EL EXTRANJERO

A los crecientes problemas económicos se unía la política de crear y mantener una barrera a lo largo de sus fronteras contra posibles ataques del África independiente. Además de resistir la insurgencia en África Sur Occidental (Namibia) por muchos años, apoyaban al régimen de Ian Smith y al finalizar la dominación portuguesa en Mozambique y Angola, Africa del Sur comenzó a ayudar a los grupos guerrilleros que en ambos países se oponían a los marxistas que habían obtenido el poder.

Estos envolvimientos significaban un drenaje económico sustancial, especialmente en una economía que ya estaba confrontando serios problemas.

Ya en los años 80 los jóvenes Afrikánder comenzaron a resistirse al servicio militar obligatorio y sus padres a resistirse también a que los enviaran a combatir fuera de su país. Esta situación ya había provocado que la SADF desde finales de los años 70 permitiera la entrada de no-blancos en sus filas. Pero las contradicciones comenzaban a manifestarse: ¿Cómo podía esperarse que esos militares combatieran y murieran por un país donde ellos son ciudadanos de segunda categoría? Esta había sido una de las razones de porque habían sido excluidos pero las necesidades los habían forzado a cambiar.

PRESIONES EXTRANJERAS.

Las presiones extranjeras comenzaron a tener algún efecto. Fueron lanzadas campañas especialmente en Estados Unidos y Gran Bretaña contra las compañías que hacían negocios con Sudáfrica. Algunas de ellas comenzaron a vender y salir del país. El desinvertir incremento los efectos negativos sobre el rand y sobre la economía en general. No se puede afirmar que haya causado los crecientes problemas económicos pero en verdad ayudo a empeorar la situación existente.

Para complicar mas los problemas del régimen sudafricano, a las compañías transnacionales que continuaron haciendo negocios en Sudáfrica se les presiono fuertemente para que tuvieran que observar los códigos de conducta en sus operaciones de Sudáfrica es decir establecer igual pago para empleados no-blancos haciendo el mismo trabajo que los blancos así como establecer el empleo y las promociones basado en sus habilidades y no en su raza. Arriba de esto comenzaron a boicotearse los productos sudafricanos en Norteamérica (frutas y vinos.) Y para colofón cuando Sudáfrica necesitaba prestamos externos, las demandas de cambio de política se hicieron muy difíciles de resistir y las opciones se estaban agotando para el gobierno de Pretoria.

BIBLIOGRAFÍA

Anzovin Steven, ed. South Africa: Apartheid and Divestiture.

Crocker, Chester A. "South Africa's Defense Posture: Coping with Vulnerability"

Plotkin Rhoda, "The United States and South Africa: The Strategeic Connection."

Reagan Ronald "U.S. Economic Relation and South

Africa: Apartheid, Some Solutions." Vital Speeches of the Day, August 15, 1986, 1-5.

The African Fund (associated with the American Committee on Africa) "Questions and Answrs on South Africa Sanctions." Perspectives, No 1/86 1-5

Wolpe, Howard "Seizing Southern African Opportunities" Foreign Policy. 1988, 60-71

lunes, 16 de agosto de 2010

Raúl Castro y la Iglesia Católica cubana

El diálogo entre el desgobierno de los hermanos Castro Ruz y la Iglesia Católica logró la deportación de (hasta ahora) algunos prisioneros de conciencia. Raúl Castro ha aceptado deportar, en un plazo de cuatro meses, a 52 prisioneros de conciencia (contrarrevolucionarios), condenados a largas penas de prisión, acusados de una controversial "asociación con una potencia extranjera". Un extranjero, testaferro del régimen totalitario, miente. Dice que "Washington, Amnistía Internacional y los propios disidentes" admiten esta realidad. Se contradice cuando el mismo los cataloga como **DISIDENTES**.

El régimen de los hermanos Castro Ruz consiguió, al fin, desembarazarse de un peso que le agobiaba desde la muerte por huelga de hambre (en las prisiones) de Orlando Zapata Tamayo, la insistente huelga de hambre (fuera de las prisiones) de Guillermo Fariñas y la obstinada peregrinación (por las calles cubanas) de las Damas de Blanco.

El Cardenal Jaime Ortega Alamino, ex-prisionero de los campos de concentración del régimen totalitario, conocidos como "Unidades Militares de Ayuda a la Producción" (UMAP) señaló, que la salida de los prisioneros hacia el exterior, no constituye un destierro forzado.

Desde el punto de vista del extranjero guatacón, el no constituir un "destierro forzado" quiere decir que no es un destierro. Desde mi punto de vista, lo único que quiere decir es, que no es forzado, pero que es un destierro en sí mismo.

¿En qué condiciones se quedarían en Cuba?

¿Qué garantías se le dieron, que no fueran las de trasladarse a España?

Mi país, que no es precisamente el de éste extranjero mal intencionado, se encuentra afectado por una crisis económica de más de 50 años. Esta crisis ha sido provocada por el régimen dictatorial, totalitario y neo feudal de los hermanos Castro Ruz, y se ha agravado por la crisis económica internacional que afecta al mundo entero.

Diez de los prisioneros liberados han optado por quedarse en Cuba.

Moratinos, el Ministro de Asuntos Exteriores de Su Majestad, el Rey de España, ha asegurado que Raúl Castro ha dado garantías de que los deportados podrán regresar algún día y conservarían sus propiedades.

No nos queda otra alternativa que esclarecer que eso lo ha dicho un personaje extranjero. Jamás Raúl Castro se ha pronunciado en ese sentido y mucho menos ha dado garantía alguna para aquellos que han decidido permanecer en Cuba. De las propiedades ni hablar.

En una jugada maquiavélica, el gobierno (PSOE) de Su Majestad, el Rey de España, decidió otorgar a los prisioneros el status de "emigrante".

Es una falta de respeto tan grande que se me hace necesario aclarar el concepto como tal:

Emigrante es una persona que se traslada de su propio país a otro, generalmente con el fin de trabajar en él.

Refugiado es aquella persona que por causa de una guerra, catástrofe o persecución busca refugio fuera de su país.

Se denomina refugiado a la persona que debe abandonar a la fuerza su hogar porque la persiguen --así sea individual o colectivamente-- debido a problemas políticos, religiosos, militares o de cualquier índole. Ricardo Alarcón, presidente del mono-parlamento de los hermanos Castro Ruz, confirmó que las personas, antes mencionadas, podían permanecer en Cuba, si lo deseaban. Tampoco dio garantías, aunque todos sabemos que Alarcón es tan solo un monigote, al servicio de los hermanísimos.

Más que una señal positiva, es un indicio de la debilidad del régimen de oprobio, que de esta forma busca una tabla de salvación económica, en el levantamiento de la Posición Común de la Unión Europea.

No es imposible, que ante esta debilidad manifiesta, el gobierno del presidente Obama (una vez recibida la devolución obligada de la bola) decida dar un paso más en favor del mejoramiento de las relaciones. De ahí a que la UE abandone la posición común va un corto trecho.

Moratinos, por su parte, se ha auto-congratulado del éxito de una negociación en la cual no tuvo participación efectiva. No obstante se ha aprovechado de que la Iglesia Católica no tiene donde dar refugio a los prisioneros y les ha pedido el favor de acogerlos, para llamar a la UE a que ponga término a la Posición Común.

El régimen de los hermanos Castro Ruz considera que dicha posición tiene un carácter discriminatorio hacia su régimen, mientras hace caso omiso a la discriminación que el desgobierno mantiene a su propio pueblo.

Bruselas condiciona el levantamiento de las sanciones a un cambio estructural en el sistema de gobierno. Los hermanos Castro Ruz consideran que esa condición vulnera el principio de soberanía y autodeterminación de su régimen.

Señor guataca extranjero y patrocinadores:

El régimen totalitario, dictatorial y neo feudalista no representa al pueblo de Cuba.

Sin elecciones libres (no las acostumbradas amañadas elecciones) el pueblo de Cuba no es soberano. Y si un pueblo no es soberano (porque le han impuesto un sistema, por demás nefasto, no puede tener autodeterminación.

La historia ha sido testigo de cómo, un régimen tiránico, se ve en la obligación de humillar la testuz, ante las presiones de la comunidad internacional y la valentía de los que ofrendan su vida en aras de una vida mejor. Los hermanos Castro Ruz ceden principios cuando no tienen otra alternativa, aunque hasta última hora intentan la coacción y el chantaje político.

Espero que sean liberados todos los prisioneros de conciencia.

No obstante, el principal objetivo de la Posición Común Europea, el CAMBIO ESTRUCTURAL DE CUBA, se mantiene vigente. La UE no está en obligación alguna de eliminar la Posición Común.

Nada, de lo anteriormente expuesto, tiene que ver directamente con los Estados Unidos de Yanquiland. Las sanciones económicas contra el régimen de los hermanos Castro Ruz, lejos de afectar a los dirigentes del nauseabundo régimen, afectan a los sectores más vulnerables de la población cubana, pero no constituyen el principal obstáculo para el desarrollo del país. El principal obstáculo es el régimen de oprobio impuesto al pueblo cubano.

Al gobierno norteamericano le toca actuar. Es hora que levante, para todos sus ciudadanos, la restricción de viajar a Cuba.

domingo, 22 de agosto de 2010

El régimen de los hermanos Castro Ruz, crónica de un sistema en extinción

Aquellos que aun consideran que el actual régimen político imperante en Cuba es una revolución, están totalmente equivocados. La revolución cubana comenzó inmediatamente después del golpe de estado de Fulgencio Batista en el año 1952. Terminó el 16 de abril de 1961 cuando Fidel Castro, sin consultar al pueblo de Cuba, decidió que aquel engendro, que venía forjando hacía dos años, era "socialismo".

Fidel Castro había prometido elecciones libres en dos años posteriores al primero de enero, luego que Fulgencio Batista hubiera abandonado el poder. En lugar de eso, comenzaba a imponerle al pueblo (ahora sin la careta "tan verde como las palmas") un sistema de gobierno al estilo estalinista. Un sistema que le venía muy bien a sus ansias de perpetuarse en el poder.

¿Qué nos puede enseñar un sistema fracasado?

¿Qué las tareas son lentísimas y dificilísimas?

¿Cuáles tareas?

Decir que es difícil: Construir un país de ciudadanos socialistas, después de cincuenta años, es una burla de dimensiones cósmicas (que no tiene nada de cómico).

¿Que el régimen ha tenido éxitos notables?

Vamos a ver: En la salud, muchos médicos de conocimientos actualizados cuestionables, pero médicos al fin y al cabo. Hospitales con índices sanitarios deplorables y casi total carencia de medicinas (culpa del bloquebargo).

Paz, bueno, la paz de Fidel Castro. Al que no entre por el aro, paredón de fusilamiento, aplicándole la justicia de los juicios sumarísimos.

¿Cultura? Si la chabacanería, las vulgaridades, las obscenidades y unas cuantas bandas de mala música (con excepción de los viejitos rescatados) llamada "timba cubana" es cultura...

Solidaridad internacional: Muchos países tercermundistas de iguales regímenes o con pretensiones de serlo.

Unidad: Esa palabra murió junto con la otra, la de "compañero", a partir del comienzo de lo que los hermanos Castro denominaron "Período Especial" y que constituía un re-make de lo sucedido en Cuba a finales de la década de los años 60 del siglo pasado.

Referirse a la educación da vergüenza ajena. Primero concibieron un plan para desarraigar al adolescente del núcleo familiar, con aquello de las escuelas en el campo. No se debe confundir con "la escuela al campo", que lo que pretendía, en sus inicios era contrarrestar la influencia ("diversionismo ideológico") de la Semana Santa.

Recuerdo como en más de 30 reuniones del Partido (de ese partido de Fidel Castro, que de comunista solo tiene el nombre) los mismos militantes consideraban aquello como algo inviable, así como el método de exámenes con todos los alumnos con notas superiores al 99% en sus calificaciones. Una mentira a escala nacional. Pero la voluntad del máximo líder, se pasó (como tantas veces en 50 años) la opinión de las masas por el Arco del Triunfo.

En la actualidad, esas escuelas han demostrado no ser viables. Representan un gasto económico imposible de continuar siendo sostenido. Ahora se enfrentan con el problema de abandonar unos planteles en estado deplorable (por falta de mantenimiento) para meter a los alumnos en los antiguos inmuebles (aun más deteriorados por la desidia y el pasar de los años).

El otro problema (aun más grave) es la escasez de maestros. A ciencia cierta, el desgobierno no sabe que fue lo que pasó. Tuvieron que acudir a muchos estudiantes renegados, a marginales de la educación prometiéndoles villas y castillas y por supuesto, como siempre, incumpliendo las promesas. Ya quedan tan solo unos pocos. Resumiendo: La educación que reciben nuestros niños y jóvenes es: un excremento tropical.

El discurso de Raúl Castro en la Asamblea Nacional, ni es política, ni es franca y mucho menos valiente. Lo que es peor, no admite reflexión alguna. El régimen que ha heredado en usufructo, confronta problemas económicos insuperables a estas alturas. La crápula dirigente se encuentra tan desvinculada de los trabajadores que, al no querer reconocer que son un atajo de viejos fracasados, ahora les culpan (a los trabajadores) y hasta se atreven a decir que han sido mal educados, como si los culpables de la mala educación fueran ajenos al desgobierno.

Efectivamente, el régimen de los hermanos Castro Ruz es totalmente, lo opuesto a una democracia. Mal garantiza la alimentación de la población (dos semanas) mediante una libreta de abastecimiento desde el año 1962. Una libreta que ha ido mermando en cantidad y calidad de los productos que abastece. La seguridad social es una burla al trabajador.

El trabajo para todos es una mentira colosal. De acuerdo con el propio análisis del régimen, existen en Cuba más de un millón de empleos correspondientes a plantillas infladas.

Es una mentira que en algún momento existieran servicios gratuitos, porque en un régimen totalitario todo se paga entre todos. Es por esto y no por fatalidad, que el déficit es incontrolable. Lo peor es que el régimen no está en condiciones, ni dispuesto a tomar las medidas necesarias. Ni siquiera está decidido a nada, que no sea estirar la liga. Tal vez hasta que reviente.

¿Cómo puede atreverse alguien, a decir que se debía haber negociado la deuda externa, cuando Fidel Castro dijo que era "incobrable e impagable"?

Dicen que la productividad y la eficiencia del trabajo son bajas, pero no se atreven a decir el porque. Por supuesto, si no se trabaja, las exportaciones tienen que ser débiles, prácticamente inexistentes. De esa forma no se pueden sustituir las importaciones.

Como no existe la propiedad privada ni la gestión económica de libre empresa, los gastos sociales son enormes y por supuesto toda la culpa va a parar al desgobierno.

Los des-gobernantes han demostrado ser incapaces de llevar el bienestar al pueblo de Cuba.

¿Quiénes, sino los hermanos Castro Ruz, son los máximos responsables de las políticas estrafalarias de los decenios anteriores?

¿Quiénes, sino los hermanos Castro Ruz, son los responsables del excesivo número de funcionarios del sector estatal?

¿Existe algún otro sector?

¿Quiénes, sino los hermanos Castro Ruz, son los

responsables del tratamiento laboral y salarial paternalista que no incentiva a trabajar?

¿Quiénes, sino los hermanos Castro Ruz, son responsables de que personas que no laboran tengan largos años garantizados un "sueldo"?

¿Quiénes, sino los hermanos Castro Ruz, son los responsables del descalabro de la Industria Azucarera?

¿Quiénes, sino los hermanos Castro Ruz, son los responsables de convertir a los agricultores cubanos en obreros agrícolas?

¿Quiénes, sino los hermanos Castro Ruz, son responsables de que en Cuba existan personas que consideren que se puede vivir sin trabajar? ¿Quiénes, sino los hermanos Castro Ruz, son responsables de la indisciplina laboral y social?

¿Quiénes, sino los hermanos Castro Ruz, son responsables del robo de combustible, de los materiales de construcción y de alimentos en las empresas del desgobierno?

¿Quiénes, sino los hermanos Castro Ruz, son responsables de la existencia del mercado negro?

¿Quiénes, sino los hermanos Castro Ruz, son los responsables de que, ante unos precios exorbitantes en las Tiendas de Recuperación de Divisas (TRD), todas pertenecientes al desgobierno, la población considere que se deben aumentar los salarios?

No, señores compañeros, no son errores. Después de 50 años no se puede dar un tratamiento tan blandengue a la ignominia. Es **INCAPACIDAD**. Sea dolosa o culposa. Da igual.

Quieren continuar engañándonos con el cuento de que el gasto eléctrico residencial crece sobre lo previsto.

¿Previsto por quién?

Por aquellos que en un gesto populista comenzaron a repartir efectos electrodomésticos. Lo que no se atreven a decir es que "para ahorrar" van a disminuir el petróleo destinado a las termoeléctricas que producen la energía.

No es necesario presionar y mucho menos conspirar, cuando de lo que se trata es: no de corregir (que bien pudiera significar excretar) sino poner punto y final al sistema de dictadura totalitaria neo feudal.

Ante la exigencia del pueblo de Cuba, los incapaces ancianos decrépitos, declaran irrevocable el sistema. Como si pudieran.

¿Cómo van a perfeccionar un modelo que ha resultado un fracaso?

¿Con cual pueblo?

Después de tanta irresponsabilidad, ahora, en el ocaso de sus vidas, pretenden ser responsables a ritmo de pasos, de ancianos vacilantes.

¿A cuales "revolucionarios" están apelando?

¿Unidos de qué?

Ya es tarde. Su tiempo ya pasó.

Todas las medidas que tomen, de ahora en lo adelante, serán el boomerang que les golpeará y los conducirá al matadero de la historia. Los hermanos Castro Ruz saben perfectamente que el trabajo por cuenta propia y el aparejado régimen de impuestos es contrario al neo-feudalismo.

El cambio estructural se aproxima y el sistema estalinista desparecerá inevitablemente. Quieran, o no, los hermanos Castro Ruz

domingo, 29 de agosto de 2010

Fidel Castro y la transición española

Continúa siendo el escenario perfecto para una novela como la de Graham Greene "Our Man in Havana". En este caso, el protagonista sería un tal Alejandro, escribiendo artículos catastrofistas, que "cuelan" solamente en jóvenes de tierno corazón, escasos de cerebro y en viejos descerebrados a falta de corazón tierno.

Fidel Castro, en su insomne convalecencia, continúa estancado en el delirio de la "Crisis de Octubre". Cincuenta años de estira y encoje. Que un meneíto p'aquí, que un meneíto p'allá! Meneíto, que no bamboleo, como tenían que cantar la famosa canción en la España de Franco (mira la batea, como "balancea"). Que los meto presos. Que los fusilo. Que, como soy magnánimo, los dejo en libertad a pedido de fulano.

Durante la administración Clinton se vivió la ilusión de lo que se denominó, la política de contacto persona a persona (Ley Torricelli). Mucho antes llevando el nombre de "Derechos Humanos", la administración Carter, «sin querer», había provocado el éxodo del Mariel.

Clinton, por su parte se enfrentaría a otro éxodo; al derribo en aguas internacionales de dos aviones y a la muerte de cuatro tripulantes. Más conversaciones bilaterales y la firma de una controversial ley llamada "Helms Burton".

La Ley Torricelli, en su carril II pretendía fomentar las

visitas a Cuba de académicos, instituciones culturales y asociaciones religiosas con el objetivo de contribuir a que el régimen de los hermanos Castro Ruz se abriera al mundo y viceversa. El derribo de los aviones de "Hermanos al Rescate" y la firma de la ley "Helms-Burton", cerraron de golpe y porrazo aquella pretensión.

George W. Bush, el cowboy presidente, prohibió todo tipo de intercambios, restringió los viajes de los cubanos desde los Estados Unidos hacia Cuba y el envío de remesas de dinero.

Nuevamente la administración demócrata retoma el espíritu carteriano al anunciar una serie de modificaciones que pretenden propiciar el diálogo. Las relaciones entre el régimen dictatorial neo feudalista y el gobierno de los Estados Unidos se rigen por un renguenómetro invisible, como las radiaciones atómicas, que pasa del entumecimiento a la tibieza según los intereses y prioridades de los hermanos dictadores, porque, a decir verdad, al totalitarismo, como le sucede a los alacranes y las cucarachas, no le afectan las radiaciones provenientes de cualquier parte del mundo civilizado. Y, tal como el alacrán, se matan ellos solitos.

Esta etapa apunta hacia una flexibilidad diplomática. Hacia el levantamiento del bloquebargo. Es mucha la presión que ejercen los intereses comerciales. Sobre todo la cada vez mayor, producción de petróleo en la isla.

Entre los propios norteamericanos y cada vez más cubanos en el exterior, el sentimiento generalizado es que la política del embargo económico (después de 50 años) no ha obtenido resultados. Obama muestra cautela, teniendo en cuenta el peso electoral que ejerce el exilio cubano (fuerza económica).

La pregunta no es cuantos académicos devotos o compañías artísticas que visiten la isla son necesarios. Potencialmente, la infraestructura de Cuba, permite recibir poco más de 4 millones de turistas al año. Hasta ahora el régimen recibe la visita anual de dos millones de turistas (entre canadienses y europeos). El caso es que los viajes resultan muy costosos desde Europa y los turistas prefieren los "todo incluido". Tampoco tienen mucho interés en cambiar el sol, el mar y la arena por tener contacto con los indígenas que habitan la isla empobrecida. Vamos, que el dinero que dejan va a parar a las manos de los corruptos gobernantes y no a los necesitados cubanos.

Muchos españoles recurren a sus recuerdos del franquismo para establecer comparaciones.

En los últimos años de la dictadura, las costas españolas se llenaban de turistas nórdicos sedientos de sol y sangría. Es necesario recordar también que los hoteles, los restaurantes, las tiendas diversas y los chiringuitos no pertenecían a la dictadura.

Franco, contrario a lo que hacen los Castro, permitía la propiedad privada siempre y cuando no jugaran a desestabilizar el régimen. En Cuba, a no ser raras excepciones, no existe la propiedad privada.

En lo más álgido del período especial, que aún persiste, Fidel Castro (2003) ordenó cerrar paulatinamente la concesión de licencias a trabajadores por cuenta propia mientras imponía un sistema de contribución que maniataba a los que de una forma u otra habían logrado levantar un pequeñísimo capital.

A la muerte de Franco, sus delfines sabían perfectamente que de no pasar a la democracia, aunque fuera como monarquía constitucional, jamás serían un país europeo desarrollado. Otro tanto aconteció en Portugal. Ambos países recibieron la ayuda al desarrollo de manos de la Comunidad Económica.

Aun después de la muerte de Fidel y Raúl, las películas de la transición hacia la democracia, en Cuba, no podrán contar ni con rubias, ni con destape, ni con movida. Empecemos por decir que en los años sesenta, cuando las pocas españolas, que en esa época iban a la playa, se bañaban vestidas de cuello a tobillo, ya las cubanas andaban de bikini. Aun el Miramar Yacht Club no se llamaba Lumumba.

Tal vez lo que haga falta en Cuba no sea un destape, sino un "tápate un poco nena".

Nada de lo anteriormente escrito tiene que ver con hielo y el deshielo. En Cuba no hay libertad. Hay mucho libertinaje consentido y mucho igualitarismo absurdo y ridículo.

lunes, 30 de agosto de 2010

El trabajo por cuenta propia

El régimen totalitario de los hermanos Castro Ruz sabe perfectamente que el nuevamente anunciado trabajo por cuenta propia, como alternativa a la mano de obra excedente con la reducción de plantillas estatales, es contrario al modelo neo feudal.

Hagamos memoria:

El 13 de marzo de 1968, con la "Ofensiva Revolucionaria", Fidel Castro confiscó y estatizó casi 60,000 microempresas que todavía estaban en manos privadas.

En los primeros años de la década de los 80, los tecnócratas (así llamados por Fidel Castro) de la Junta

Central de Planificación (JUCEPLAN)*, "inventaron" el Mercado Libre Campesino y Fidel Castro los catalogó como "bandidos de río frío". Los tecnócratas, pertenecían al "grupo de apoyo" de Raúl Castro.

Al desmerengarse la Unión Soviética (principio de los 90), el régimen se vio con la soga al pescuezo. Fue entonces que autorizaron la libre circulación del dólar USA (que ya venían utilizando los dirigentes y sus familiares en las tiendas habilitadas para técnicos extranjeros). El cierre de casi todas las empresas del país (por no decir todas), provocó más de un cuarto de millón de trabajadores echados al medio de la calle, con un subsidio inferior a 300 pesos nacionales cubanos. En esa fecha el cambio en el mercado negro llegó a alcanzar 126 pesos por un dólar. Ante la disyuntiva de salvarse o desaparecer, Fidel Castro autorizó el trabajo por cuenta propia, no sin antes dejar claro que no tenía alternativa. Quería decir, que tan pronto tuviera la alternativa, las cosas mudarían. Y mudaron en el año 2003. Se acabaron las licencias y una política de estrangulamiento impositivo acabó con más del 90% de aquellos trabajadores por cuenta propia.

Se me hace necesario aclarar, que los trabajadores por cuenta propia, no tenían un mercado mayorista donde comprar sus materiales. Es decir: Un carpintero tenía que comprar la madera, los clavos, los tornillos, las herramientas, en fin todo lo que le fuera necesario, en las Tiendas de Recuperación de Divisas (TRD) pertenecientes al régimen de los hermanos Castro Ruz.

Los precios de las TRD superaban en mucho el 260% del precio de compra del producto.

Cuando el carpintero sacaba la cuenta de lo que le iba a costar la reparación de una mesa o la construcción de la misma, llegaba a la conclusión de que le iba a ser imposible venderla en un precio asequible a la población. El problema radicaba en que, vendiese o no la mesa, de igual forma tendría que pagar un impuesto de más del 75% del precio pactado con la ONAT** del desgobierno. Las cuentas no le salían. Por mucho que se esforzase jamás obtendría lucro.

Bajo la tiranía de los hermanos Castro Ruz, la palabra "LUCRO" significa explotación del trabajador y no lo que en español se entiende como "ganancia y provecho que se saca del trabajo honrado".

Así y todo, con los "ajuste de salario" (llamados por el desgobierno como robo) incluidos, muchos cuentapropistas lograron salir a flote. Había llegado la peor parte para el régimen. Pronto comenzarían a ver, en las amañadas elecciones, que surgían candidatos apoyados por "cuentapropistas".

Fidel Castro, amenazado por un proyecto llamado "Varela"***, que pretendía cambiar algunos puntos de la constitución de Blas Roca, más el intento de apoderarse del gobierno de las circunscripciones por parte de los "cuentapropistas", en el año 2003 no solo encarceló a 75 inocentes, sino que puso fin al trabajo libre maniatado.

Los trabajadores por cuenta propia que apoyaban a los delegados de circunscripción, no lo hacían con ideas políticas de ninguna clase. Me refiero a la inmensa mayoría. Se trataba de que para el mejor desempeño de sus pequeños negocios, necesitaban el arreglo de las calles, casas y edificios, de las conductoras de agua, en fin que mejorara la infraestructura. Estaban dispuestos a ayudar financieramente a los delegados.

Esto era intolerable para Fidel Castro. Se le iba el poder de las manos. De esa forma sabía perfectamente que al cabo de cierto tiempo comenzarían los problemas políticos. En sí, ya constituía un problema político.

Hasta aquí, hemos visto como se destruye la laboriosidad de un pueblo, aplicando de golpe y porrazo una "ofensiva revolucionaria".

Hemos visto también como Fidel Castro descabezaba el intento de un grupo de "tecnócratas" (todos del equipo de Raúl Castro) que solo pretendían el mejoramiento económico del país. Y, hemos visto también como Fidel Castro acabó, en el año 2003, con el segundo intento de trabajo por cuenta propia, durante la década de los 90.

Ahora, en el 2010, "todo el mundo" espera que bajen (¿será del cielo?) los lineamientos y las reglas del juego para una nueva etapa de trabajo por cuenta propia. ¡Es de risa, sino fuera por lo dramático de la situación! "Las autoridades están estudiando «muy bien» el asunto".

El carpintero aludido, del cual no es necesario decir el nombre, nunca sacó licencia porque trabajó hasta el 2009 en una firma estatal, de la cual obtenía su materia prima (¿robaba o ajustaba salario?). No fueron pocos los que siguieron esta línea de conducta. Todos, sin excepción saben que sacar la licencia es peor que no hacerlo.

Mientras se desvíen recursos de la empresa estatal para la cual trabaja, el desgobierno lo tiene chantajeado. Si es "políticamente" adverso al desgobierno puede acabar sus días en una de las infernales prisiones. Si cumple con las guardias cederistas, si asiste puntualmente a las concentraciones de masas convocadas por el régimen, en fin, si se mantiene "leal" a la "causa del fidelismo", entonces, solo entonces, tal vez no le falte trabajo particular.

De manera que el pueblo cubano sabe, por experiencia

repetida, que si ponen muchas restricciones o impuestos demasiado altos, no vale la pena.

El régimen se las ve negras. No saben que van a hacer con el exceso de más de un millón de empleados.

Dice Raúl Castro que se eliminarán varias prohibiciones vigentes. No dice cuales. Que hará más flexible la contratación de fuerza de trabajo.

Vamos a ver: En las famosas "Paladares", todos en Cuba y quizá en el extranjero, saben que los dueños tienen contratada mano de obra asalariada (cocineros, camareros etc.). Lo que en el extranjero tal vez no se sepa es que esa mano de obra tiene que aparecer registrada en las oficinas de registro de población, como que viven en la casa donde funciona la paladar.

Lo que posiblemente no se conozca en el extranjero es, que además de no vivir en el lugar donde laboran, estos trabajadores no tienen derecho a sindicalizarse, porque aparentemente son trabajadores de un negocio familiar. Esta es la forma que hoy en día el cubano burla la ley. Hoy por hoy no se puede tener trabajadores asalariados en una empresa familiar por cuenta propia.

Hasta ahora y mediante los ejemplos anteriormente señalados, el cubano trabajador por cuenta propia ha sobrevivido. Cuando además tenga que pagar seguridad social, y el impuesto sobre salario la "caña se va a poner a tres trozos".

Otro de los aspectos que el desgobierno es incapaz de explicar es aquel referido al personal contratado por empresas extranjeras. Según lo que afirma el desgobierno, estos trabajadores deben pagar gravamen por ingresos extraordinarios en divisa libremente convertible.

El asunto es difícil, desde el momento que los trabajadores que laboran en empresas extranjeras, no son contratados directamente, sino por una empresa estatal de contratación. En dicho contrato, queda bien esclarecido que el trabajador no podrá recibir remuneración alguna por la parte extranjera. Es una condición, que de ser violada, queda sin efecto el contrato. ¿Cómo va el desgobierno a cobrar algo que se encuentra prohibido?

Ya lo dijo Fidel Castro a los trabajadores cubanos en la inauguración de la desaparecida Sherritt Green (filial agrícola de la Sherrit International): "Sabemos perfectamente que ustedes reciben por trasmano un subsidio en dólares. Eso no es lo esencial. Lo fundamental es que nunca dejen de ser "revolucionarios".

Si de verdad me creyera el cuento de que el desgobierno

va a apoyar el trabajo por cuenta propia y que este podrá desarrollarse como actividad colectiva a partir de la asociación, organización y gestión conjunta, estaría creyendo en el cuento de "la buena pipa".

Nada de esto ha cuajado en 50 años. ¿Por qué voy a creer que ahora sí vamos a andar "por el camino correcto"?

***El 11 de marzo de 1960, se da un paso significativo que anunciaba el propósito de conducir la economía del país hacia un desarrollo planificado socialista, con la promulgación de la ley 757, que crea la Junta Central de Planificación (JUCEPLAN), encargada de fijar, orientar, supervisar y coordinar la política económica de los diferentes organismos del Estado y de las entidades autónomas, de manera que entre éstos existiera unidad de criterio y acción; así como señalar las normas generales orientadoras de la acción del sector privado.**

En 1994 se aprueba el Decreto-Ley 147 de la Reorganización de los Organismos de la Administración Central del Estado, donde la Junta Central de Planificación – JUCEPLAN - pasó a ser, hasta la actualidad, el Ministerio de Economía y Planificación.

Ver: [DOC]Dr. Manuel García Díaz, España LA

ACTUALIZACIÓN ... - ResearchGate

https://www.researchgate.net/.../5758153508aef6cbe 3627700?... –

** Oficina Nacional de la Administración Tributaria

*** El Proyecto Varela fue un proyecto de ley ideado y dirigido por el activista político cubano Oswaldo Payá en 1998, que abogaba por reformas políticas en Cuba a favor de mayores libertades individuales.

**** FE: Familiares en el extranjero

miércoles, 1 de septiembre de 2010

Dirigentes del PSOE pretenden hablar de las deportaciones del régimen totalitario

La secretaria de Organización del gobernante Partido Socialista Obrero Español (PSOE), Leire Pajín, encabeza la delegación que inicia una visita de dos días al régimen dictatorial totalitario neo feudal de los hermanos Castro Ruz este martes, donde pretenderán hablar, con el desgobierno, de las recientes deportaciones de prisioneros de conciencia.

Pajín, quien irá acompañada, entre otros, por la secretaria de Política Internacional del PSOE, Elena Valenciano, tiene previsto entrevistarse con el testaferro encargado de los asuntos internacionales, Bruno Rodríguez; y con el Cardenal Jaime Ortega.

Los miembros de la delegación "pretenden" tener información, de primera mano, de los actores principales en el proceso de deportación de los presos y mostrar la disponibilidad del PSOE, y el apoyo del Partido Socialista al Gobierno de España en su papel facilitador de la "logística necesaria" para que este proceso se esté llevando a cabo.

Otros objetivos de la delegación son, actualizar las relaciones bilaterales entre el PSOE y el monopartidismo de los hermanos Castro Ruz y conocer los principales proyectos del desgobierno para el futuro.

Desde mediados de julio han llegado a España 26 prisioneros de conciencia cubanos deportados en el marco del compromiso del desgobierno totalitario, tras el pedido de mediación por parte del propio desgobierno, a la Iglesia católica cubana (con el apoyo de del gobierno de España) para deportar en cuatro meses a 52 prisioneros de conciencia.

Estos disidentes en proceso de deportación son el resto de los 75 opositores condenados a penas de entre 6 y 28 años de cárcel en el 2003 durante la llamada ``primavera negra''.

En un alarde de prepotencia totalitarista, los "socialistas" españoles no tienen previsto reunirse con representantes de la disidencia cubana.

El pasado 20 de agosto, el disidente cubano Juan Adolfo Fernández*, el último de los deportados llegado a Madrid, señaló tras llegar a la capital española que Pajín y Valenciano ``deberían entrevistarse con los disidentes, y especialmente con los que están en las cárceles''.

*** Adolfo Fernández Saínz nace en San Luis, Pinar del Río, el 30 de noviembre de 1948. Graduado de Licenciatura en Lengua y Literatura Inglesa en la Universidad de la Habana. Cumplió misión internacionalista en Etiopía junto al entonces Héroe de la República, Comandante Arnaldo Ochoa durante tres años.**

A su regreso trabajó durante más de 10 años en el Equipo de Servicio de Traductores e Intérpretes (ESTI), organismo perteneciente al Consejo de Estado. Durante este tiempo trabajó con numerosas personalidades de la cultura, el deporte y la política nacional e internacional. All Guiddings, Ted Turner, Mengistus Haile Marian, Robert Mugabe, Julius Nierere, miembros de la familia Rockefeller, Robert McNamara y Schlesinger fueron algunos de ellos.

Trabajó en eventos de carácter internacional como

Cumbres de los No Alineados, el Festival Mundial de la Juventud y los Estudiantes y la Reunión Tripartita con motivo de los 30 Años de la Crisis de Octubre. Durante el año 1987, se desempeñó en el Consejo Mundial por la Paz en Helsinki, Finlandia, y durante 1988 en la Organización de Naciones Unidas, en Nueva York.

Durante la década de los años 90 la Isla de Cuba experimenta una crisis socio - económica sin precedentes.

El discurso oficial del gobierno cubano no satisface sus expectativas, pues observa desde su posición de traductor que existe una enorme falta de correspondencia entre la versión que se le da al pueblo de la situación y la que él traduce para los altos dignatarios en los eventos internacionales.

Por esta fecha surge en nuestro país una enfermedad nunca antes vista en él, la Neuritis Óptica. Los pacientes sufren dolores en las articulaciones y pérdida de visión. Los médicos no daban ninguna explicación a los pacientes y la prensa oficial evade el motivo principal de la enfermedad que, no obstante, ya todos comentaban: avitaminosis.

Todo lo anterior fue conformando en él un descontento con la situación que estaba atravesando el país y la necesidad creciente de no hacerse cómplice de la mentira. Decir lo que piensa abiertamente, fuera del marco íntimo de sus familiares y amigos, se convierte en una necesidad imperiosa para él, aunque sabe que esto puede traerle pésimas consecuencias. Tras advertir a su familia del paso que pensaba dar, expresó en una reunión en su centro de trabajo sus criterios. Dijo que no confiaba en la Dirección de la Revolución y en el manejo que estaban haciendo de la situación cubana. Las consecuencias eran previsibles. Fue separado de su centro de trabajo en muy poco tiempo.

A partir de este momento se vincula activamente al movimiento disidente con el que ya tenía algunos vínculos. Integra el Partido Solidaridad Democrática del cual pasa a ser posteriormente Secretario de Relaciones Internacionales. Se integra también al Sindicato de Trabajadores Independientes y al Colegio de Pedagogos.

domingo, 5 de septiembre de 2010

SENILIDAD

Tuve la convicción, desde el principio, que se trataba de una jugada más del complejo ajedrez político con el que tan "desinteresadamente" nos tiene acostumbrado Fidel Castro. ¡No se murió!

Llevo más de 7 años fuera de Cuba y no creo que las cosas hayan cambiado, ni para mejor. Tal vez todo lo contrario.

¿Qué puede ser peor que la resurrección del decano de los líderes del nuevo feudalismo?

En Cuba, casi todos desean la desaparición física no solo de los hermanos Castro Ruz, sino de todos los parásitos que les rodean y el régimen de oprobio. Increíblemente y en contra de todo lo que han dicho y hecho (más bien des-hecho), durante 50 años, los des-gobernantes han "permitido" la peregrinación de la Virgen de la Caridad del Cobre, patrona de Cuba, por todo el país y la realización de una ceremonia religiosa pública en el 2012, año en que se cumplirán 400 años de su aparición.

¡Un nuevo Show! Que estará pendiente de cómo se

desarrollen los acontecimientos de aquí hasta allá.

Todo esto no es más que el burdo montaje de una farsa. Los hermanos Castro Ruz son más tendientes a las religiones animistas, aunque su niñez haya estado marcada por la religión católica. Es muy significativo que el sitio web oficial, donde Fidel Castro coloca su "Defecciones", haya publicado el 31 de diciembre del 2009 un artículo dedicado a "la letra del año" y continuara a lo largo del 2010 publicando otros trabajos relativos a lo mismo.

El Doctor Selman, excelente adulador, que debido a una mala praxis por poco mata a mi madre, y que por ineptitud estuvo a punto de matar a Fidel Castro, decía que la Bestia de Birán reunía todos los requisitos para poder vivir 120 años.

¿Se equivocó?

Tal vez ahora, el anciano se está cuidando. Aunque me temo que no mucho más. Posiblemente ahora, después del susto, respete los horarios de los medicamentos y mantenga una dieta "mediterranea".

En efecto, el caso de Fidel Castro es un gran arroz con pollo (sin pollo y sin arroz), de delirios de grandeza, de imponer su disciplina a sangre y fuego. De una carencia de valor personal indescriptible, espolvoreado con los éxitos innegables de la medicina **ESPAÑOLA**. Lo peor es, que aun no descansa en la paz de los sepulcros.

Su resurrección no le ha sentado nada bien el heredero en jefe. Machado Ventura (bautizado por el propio Fidel Castro con el mote de "que bruto eres"), el actual segundo al mando, tuvo que ser asistido de urgencia como consecuencia de un fenómeno morboso de evacuación de vientre líquida y frecuente. Repetía incesantemente: ¿Y ahora donde me meto?

Ante tanto show televisivo, que no por eso deja de mostrar su deterioro físico y mental, Fidel Castro se ha ganado el derecho al choteo de una estruendosa trompetilla.

Todo este montaje senil tiene un solo propósito: **El Premio Nobel de la Paz.**

Una persona que se ha dedicado la mayor parte de su vida a crear dos, tres, muchos Viet Nam, no merece otro premio que el que le fuera concedido por la Unión Soviética en 1960, aun sin saber de lo que sería capaz.

El Premio Lenin de la Paz fue un premio equivalente al Premio Nobel de la Paz, entregado anualmente por la Unión Soviética a individuos que hubieran contribuido a la causa de la paz entre los pueblos.

Su denominación oficial en sus inicios fue la de Premio

Stalin de la Paz entre los pueblos y, con posterioridad a la des-estalinización, Premio Lenin de la Paz entre los pueblos.

Algunos de los premiados con el premio Lenin de la Paz:

Década de 1950

Soong Ching-ling (Madame Sun Yat-sen), Lázaro Cárdenas, Pablo Neruda, Pak Chong Ae, Nikita Jrushchov, Bertolt Brecht y Nicolás Guillén.

Década de 1960

Sukarno, Fidel Castro, Ahmed Sékou Touré, Kwame Nkrumah, Pablo Picasso, Oscar Niemeyer, Dolores Ibárruri, Rafael Alberti, Romes Chandra y Ludvík Svoboda.

Década de 1970

Salvador Allende, Leonid Brézhnev, Luis Corvalán, János Kádár, Samora Machel, Agostinho Neto, Angela Davis y Vilma Espín Guillois.

Década de 1980

Líber Seregni, Mikis Theodorakis, Indira Gandhi, Miguel d'Escoto y Julius Nyerere.

Como podrán apreciar, casi todos son de tendencias totalitarias neo feudales.

Nikita Jruschov y Fidel Castro tuvieron al mundo al borde de la guerra nuclear en 1962.

Ahmed Sekoú Touré, fue el patrocinador de guerrillas ("libertadoras del colonialismo") en Guinea Bissau y Angola.

En 1960 Nkrumah, promulgó una constitución por la que Ghana pasaba a ser una república que podía gobernarse fácilmente, pues se otorgaba al presidente la facultad de emitir decretos sin necesidad de aprobación del parlamento, rechazar gran número de decisiones parlamentarias, y destituir prácticamente a cualquier funcionario del Estado sin procedimiento previo. También se otorgaba al régimen el control de los medios de comunicación.

Salvador Allende provocó el caos en Chile, un país que bajo su mandato estuvo a punto de la guerra civil, que no se concretizó por el golpe de estado llevado a cabo por el General Augusto Pinochet. En vez de guerra civil, lo que se produjo fue un genocidio.

Leonid Brezhnev, además de dar apoyo a la intervención de tropas regulares del régimen de los hermanos Castro Ruz en Angola y Etiopía, invadió Afganistán.

lunes, 6 de septiembre de 2010

Las tribulaciones de Fidel Castro

Una vez más el régimen totalitario neo feudal de Fidel Castro vuelve a ser noticia internacional. Esta vez con la deportación de manera escalonada de, hasta ahora, una veintena de prisioneros de conciencia arrojados a las cárceles del desgobierno en el año 2003.

El detonante de esta situación debemos buscarlo en la mal intencionada muerte, durante una huelga de hambre de Orlando Zapata, al cual los defensores del régimen han acusado de innumerables fechorías. Ahora ha sido Raúl Castro el que, viendo la imposibilidad de llegar a un acuerdo con la Unión Europea, le ha pedido a la Iglesia Católica cubana que interceda para aliviar la tensión política a la que se ve sometido un régimen que se encuentra sumido en una grave crisis económica y social.

La mal intencionada muerte de Orlando Zapata colocó a la dictadura totalitaria en una situación incomodísima.

Los disidentes, que jamás habían llevado sus reclamaciones al límite, llegaban (sin proponérselo) a alcanzar una posición nunca antes pensada. El "desastrito en jefe", o sea Raúl Castro les había proporcionado cándidamente un héroe.

El desgobierno, al percibir de forma inmediata el descalabro que tamaña imbecilidad suponía, como de costumbre comenzó a vociferar improperios contra la Unión Europea y los Estados Unidos, cuando la responsabilidad ante la crueldad de la muerte innecesaria y evitable de Orlando Zapata era en su totalidad del régimen.

Por supuesto que los grupos disidentes "ilegales" no iban a dejar pasar la oportunidad para ejercer una presión que les había sido regalada. Ya el desgobierno de Fidel Castro había cometido el gravísimo error de condenar a 75 disidentes pacíficos, dándoles la posibilidad de demostrar que existían y de percibir el apoyo social interno y externo que poseen.

No existió jamás una estrategia disidente organizada. Las Damas de Blanco hacía mucho tiempo que caminaban por las calles de La Habana, llamando cada vez más la atención del ciudadano de a pie y de las organizaciones pro derechos humanos.

Guillermo Fariñas no tuvo tiempo de consultar su decisión de comenzar por tercera o cuarta ocasión, una huelga de hambre en protesta por la muerte de Zapata y exigiendo la liberación de solamente de aquellos que se encontraban enfermos. Luego, ante la debilidad del régimen, subiría la parada.

Una de las tantas enseñanzas de mi padre tuvo que ver con el desarrollo de los acontecimientos. En una ocasión me dijo: "Un gobierno que se respete jamás negociará con alguien que pretenda sacar ventaja durante un entuerto político. Ningún gobierno que se respete se dejará chantajear, ni accederá a presiones de ningún tipo, ni hará concesiones".

De inicio el régimen se mantuvo en sus trece. Negó la posibilidad de negociación. Parecía que Fariñas moriría de inanición en pocos días. Otro error: En las calles acosaban, como nunca antes, a las Damas de Blanco. Los voceros del desgobierno aullaban y culpaban a Fariñas de lo que pudiera acontecerle. Comenzaban a pasar los días. Fariñas no cejaba en su empeño por morir.

Pasados más de 100 días, el propio Dictador en Jefe, Raúl Castro, fallidas las negociaciones con Moratinos y por ende con la UE, se rendía y pedía ayuda al Cardenal primado de la Iglesia Católica cubana.

En una muestra de debilidad nunca antes imaginada, el desgobierno estaba en disposición de acceder a la precipitada deportación no solo de los prisioneros, sino también de sus familiares y personas de su entorno. Por primera vez en la historia de la dictadura totalitaria se rompía la política de "cerrar filas y posiciones". Los disidentes cubanos sacaban ventajas inesperadas de un entuerto político. El desgobierno no resistió la presión.

Los propios seguidores del régimen totalitario se han quedado sin explicación.

Ante una debilidad tan fehaciente es imposible que a alguien con tan solo dos dedos de frente se le pueda ocurrir el levantamiento de la Posición Común de la Unión Europea.

La Posición Común busca un cambio estructural en Cuba, no la liberación de prisioneros de conciencia. Ese es su único argumento.

Por otra parte, debemos recordar que hasta la fecha, el inmovilismo totalitario no había dado paso alguno hacia el mejoramiento de las relaciones bilaterales con los Estados Unidos, mientras que la administración Obama ha tenido el gesto de suprimir muchas de las sanciones impuestas a la dictadura por su predecesor en la Casa Blanca.

Si, para el análisis de estos hechos, tenemos que tomar en consideración la "resurrección" de Fidel Castro y sus fallidas profecías sobre el fin del mundo, seríamos acreedores del ridículo nombrete de ingenuos del Siglo XXI.

El error de la dictadura es descomunal. El precio político a pagar es demasiado grande para una economía en bancarrota crónica. La disidencia interna es lo que menos le preocupa, y el trabajo proselitista de la iglesia es a largo plazo. **La función de la diplomacia española resultó un fracaso rotundo**, que ahora se enfrenta a la opinión pública española, por la mal intencionada acogida de unos deportados que **nunca fueron consultados si querían ir, o no, hacia la "madre patria" en condición de emigrantes**.

El problema de Cuba es más serio de lo que muchos extranjeros piensan. Baste decir que en la actualidad 300 mil cubanos son ciudadanos españoles y un poco menos de 2 millones son ciudadanos de los Estados Unidos.

La dictadura de los hermanos Castro Ruz excluye la doble ciudadanía, pero aunque la constitución de Blas Roca dice que el ciudadano cubano que adquiera una nacionalidad extranjera pierde "ipso facto" la ciudadanía cubana, el desgobierno, al igual que otras tantas leyes, no la aplica.

Para entrar en el territorio cubano, un ciudadano norteamericano o un ciudadano español que haya nacido en Cuba tiene que hacerlo con el pasaporte cubano. De lo contrario no entra.

La cuidada puesta en escena, de esta súplica, del dictador de turno al Cardenal Jaime Ortega, luego de los fallidos intentos de Miguel Ángel Moratinos, de hecho es una operación estratégica al más puro estilo fidelístico.

La total desinformación al pueblo cubano contrasta con el desmesurado protagonismo que se ha otorgado al gobierno español del Partido Socialista Obrero Español (PSOE).

Las "noticias" nacionales continúan tergiversando la realidad. El interior de la sociedad cubana, sufre las realidades contradictorias de un régimen totalitario neo feudal inmóvil dentro de un complejo laberinto.

Las mil veces repetidas "asambleas abiertas", han mostrado más de una vez, la aspiración de cambios internos y muchas más veces han demostrado el caso omiso que hace el desgobierno a dichas apelaciones. Ni cristalizarán, ni se harán visibles como programa o voluntad política.

Al día de hoy, más del 75% de las tierras (abandonadas por el desgobierno durante décadas) entregadas en usufructo continúan improductivas.

La eliminación de los comedores obreros en los centros de trabajo, sustituidos ridículamente con subvenciones en metálico que no alcanzan para una comida al mes, ha comenzado a partir del 1 de julio del presente año. Las noticias anuncian la eliminación de los cigarros por la libreta de abastecimientos y la reducción de la cuota de granos y sal.

Mientras tanto, el tiempo pasa, nos vamos poniendo viejos y la "metamorfosis" anunciada hace tres años se continúa "estudiando con detenimiento".

Lo peor es, que la crisis económica no tiene solución bajo la actual estructura política. **La productividad es imposible de estimular bajo un régimen neo colonial.**

El mercado negro continúa disfrutando de una salud excelente, ya sea en moneda nacional, como en la libremente convertible o incluso en el engendro llamado CUC. La corrupción administrativa, que existía, pero era desconocida por la población, continúa su irrefrenable expansión, de la cual no quedan incólumes los dirigentes históricos. Crece el descontento, el escepticismo y el desánimo.

Los dirigentes del régimen totalitario neo feudal, o sea Fidel y Raúl Castro Ruz, continúan presionados por el cansancio que provocan los años y la imposibilidad de seguir engañando a un pueblo.

domingo, 12 de septiembre de 2010

Los funcionarios del Estado Totalitario y la propiedad social

La etimología de las palabras, o lo que es igual, el origen de las palabras, la razón de su existencia, su significación y su forma, tienen una característica sui generis en los regímenes totalitarios neo feudales mal llamados socialistas.

La etimología popular, es la interpretación espontánea que se da vulgarmente a una palabra relacionándola con otra de distinto origen. La relación así establecida puede originar cambios semánticos. Lo cual quiere decir que tienden a cambiar el significado de las palabras.

Para conocer el significado de las palabras utilizamos los diccionarios, pero los estudios lexicográficos no son textos sagrados. Es solamente la técnica de componer léxicos o diccionarios. De manera que si queremos profundizar en el sentido etimológico de una palabra debemos consultar una enciclopedia.

No obstante, cuando nos referimos a la etimología popular, surgen los problemas de la lengua.

De todos es conocido que la palabra malversar significa apropiarse o destinar caudales públicos a un uso ajeno a su función. Claro está, que si tomas para ti lo ajeno, estas robando.

La palabra Estado significa un conjunto de órganos de gobierno de un país soberano.

El Estado de Derecho se divide en tres poderes que se confían a un órgano u organismo público distinto. O lo que es igual, la separación de funciones o facultades: Poder legislativo, Poder judicial y Poder ejecutivo.

La diferencia existente entre un Estado de Derecho moderno y un Estado Totalitario neo feudal estriba en que, en este último el Estado es la expresión concentrada del poder en la figura del máximo líder, basado en un sistema de partido único y una dictadura llamada del "proletariado", que en realidad debe ser llamada "de los funcionarios".

Debido a que no existe la propiedad individual (en ninguna de sus formas), en un Estado Totalitario neo feudal, es el gobierno del Estado el que administra los bienes, regula el empleo y se encarga de que sean administrados.

Tal propósito, contrario al Estado de Derecho moderno, es principal en el empeño de construir el neo feudalismo totalitario. El neo feudalismo, es un sistema muy fácil de controlar, precisamente porque frena la creatividad popular y no debe confundirse con el Capitalismo de Estado imperante en China que necesita de la colectividad.

El filósofo inglés Herbert Spencer* definió al socialismo (en su época) como "la futura esclavitud". Por supuesto, Spencer vivía en un sistema aristocrático feudal en momentos en que las fuerzas productivas de la incipiente burguesía intentaban desarrollar el sistema de mercado mediante una forma de gobierno democrático.

Spencer fue contemporáneo de José Martí, el cual lo cita en uno de sus trabajos.

De acuerdo con el trabajo de Martí, Spencer dice: **"Esa futura esclavitud, que a manera de ciudadano griego que contaba para poco con la gente baja, es el socialismo".**

Spencer consideraba que la idea socialista era de **"buscadores de popularidad"**, que ven en el descontento de los trabajadores el filón para, mediante medidas populistas, quitar motivo al descontento. Pero Spencer acotaba que: "Esto ha de hacerse de manera que no se trueque el alivio de los pobres en fomento de los holgazanes". **"So pretexto de socorrer a los pobres, sácanse tantos tributos, que se convierte en pobres a los que no lo son".**

Spencer alertaba sobre la burocracia en los empleados públicos. Hay quién dice que la frase "¡Mal va un pueblo de gente oficinista!, es de Martí. Totalmente errado. La frase es de Spencer.

Bajo el régimen totalitario neo feudal de los hermanos Castro Ruz, se convirtieron en pobres al 70% de la clase media existente en Cuba en el año 1958. La mayoría emigró. **Hoy el desgobierno anuncia la necesidad de prescindir de 1 millón de puestos de trabajo de funcionarios públicos.**

"Todo el poder que iría adquiriendo la casta de funcionarios, ligados por la necesidad de mantenerse en una ocupación privilegiada y pingüe, lo iría perdiendo el pueblo, que no tiene las mismas razones de complicidad en esperanzas y provechos, para hacer frente a los funcionarios enlazados por intereses comunes. Como todas las necesidades públicas vendrían a ser satisfechas por el Estado, adquirirían los funcionarios, entonces, la influencia enorme que naturalmente viene a los que distribuyen algún derecho o beneficio. El hombre que quiere ahora que el Estado cuide de él para no tener que cuidar él de sí, tendría que trabajar, entonces en la medida, por el tiempo y en la labor que pluguiese al Estado asignarle, puesto que a este, sobre quien caerían todos los deberes, se darían naturalmente todas las facultades

necesarias para recabar los medios de cumplir aquellos.

De ser siervo de sí mismo, pasaría el hombre a ser siervo del Estado. De ser esclavo de los capitalistas, como se llama ahora, iría a ser esclavo de los funcionarios", dice Spencer en "La futura esclavitud".

"Y como los funcionarios son seres humanos, y por tanto abusadores, soberbios y ambiciosos, y en esa organización tendrían gran poder, apoyados por todos los que aprovechasen o esperasen aprovechar de los abusos, y por aquellas fuerzas viles que siempre compra entre los oprimidos el terror, prestigio o habilidad de los que mandan, este sistema de distribución oficial del trabajo común llegaría a sufrir en poco tiempo de los quebrantos, violencias, hurtos y tergiversaciones que el espíritu de individualidad, la autoridad y osadía del genio, y las astucias del vicio originan pronta y fatalmente en toda organización humana".

José Martí cita a Spencer. José Martí no era un hombre de ideas neo feudales. Todo lo contrario, era demócrata y republicano, enemigo de la aristocracia y del régimen feudal que la misma representaba.

Para los fines del neo feudalismo la malversación de los bienes del Estado se confunde con los bienes que administra el supuesto "gobierno".

Preocuparse por el papel del gobierno y la manera de ver sus funciones es tarea de todos, porque los funcionarios tienen mucho que ver con la ciudadanía y son los que administran los bienes ciudadanos.

El desgobierno de los hermanos Castro Ruz se ha convertido en una pieza de museo que ha puesto de lado sus deberes elementales para con la población.

El funcionario debe conocer, vigilar y cuidar las propiedades del pueblo, tanto en los centros de trabajo como en el municipio, o la provincia. Tiene la obligación de cuidar los recursos sociales, las fuentes de servicio y hacerlos producir. El funcionario está en la obligación de pagar las deudas contraídas, hacer que se lleven a cabo los fines planeados y trabajar en ese empeño.

Al pueblo no se le puede exigir el trabajo de los funcionarios.

Hoy por hoy, el desgobierno de los hermanos Castro Ruz le está diciendo a la ciudadanía cubana que se ha convertido en una avecilla que abre la boca para que el desgobierno regurgite en ella el alimento con que vivir. Eso lo ha dicho uno de los más altos funcionarios, el Sr. Ramiro Valdés, al referirse al "papa Estado".

¿Quiénes han estado desgobernando mi país desde hace 50 años?

¿Quiénes son los culpables?

¿Quiénes son los que han estado dilapidando los recursos del Estado?

¿Quiénes son los culpables de que el pueblo carezca de buenos hábitos de trabajo?

¿Quienes, sino del desgobierno, han situado al mismo nivel a los vagos y a los delincuentes con los trabajadores honrados?

Los hermanos Castro Ruz llevan 50 años administrando los recursos del Estado. El caos económico es responsabilidad de ellos y nadie más. Se han burlado del pueblo cubano, aun se burlan y…, al parecer piensan seguir burlándose.

Cuando los empleados del desgobierno y los administradores de bienes públicos no aseguran un buen servicio, la responsabilidad recae en los funcionarios de nivel superior y no en la ciudadanía.

***Herbert Spencer (Derby, Inglaterra, 27 de abril de 1820-Brighton, Inglaterra, 8 de diciembre de 1903) fue un naturalista, filósofo, psicólogo, antropólogo y sociólogo inglés.**

lunes, 13 de septiembre de 2010

Respuesta a la invitación de Silvio Rodríguez

Aun cuando considero que la Revolución Cubana de 1959 (existe una diferencia inmensa con la "eterna" dictadura de los hermanos Castro Ruz) dignificó a nuestro país y por ende a todos los cubanos, decir que la dictadura totalitaria neo feudal, impuesta a nuestro pueblo, sea el mejor gobierno de nuestra historia, hay más de 50 años de afrentas y oprobios.

Sí: Durante los gobiernos democráticos, toda Cuba estaba mejor pintada, prácticamente no existían baches en las calles y no había apagones. Las tiendas y bodegas se encontraban llenas de alimentos y ropa.

¿Quiénes compraban en esas tiendas?

Un 70% de la población de clase media (desde la clase media pobre hasta la clase media rica).

¿Quiénes podían caminar en libertad por aquellas calles?

Por supuesto, los 4 millones 500 mil ciudadanos de clase media, de los 6 millones de habitantes. Los demás, el 25% (1 millón 500 mil ciudadanos) considerados como pobres de solemnidad, mal vivían de lo que le suministraban tiendas (como aquella de Birán) en las que le fiaban los productos hasta que pasara el "tiempo muerto" entre una zafra y otra y "pudieran" pagar la deuda. Esos no tenían acceso a vidrieras. Existía, además, un 5% (poco menos de 75 mil personas) de clase alta (como la familia de los hermanos Castro Ruz), que vivían en la opulencia y eran capaces de ofrecer, como regalo de bodas, 100 mil dólares, equivalentes hoy en día a 1 millón.

Los cubanos no se alzaron en armas para reivindicar a aquel 25% de cubanos pobres. Eso fue después. De inicio, los cubanos se alzaron en armas para deponer a una dictadura que violaba una de las constituciones más democráticas del mundo. El cubano se alzó en armas para defender la democracia, no para instaurar una dictadura totalitaria de corte estalinista, capaz de convertir en pobres a toda la sociedad.

Con la dictadura totalitaria, supuestamente protegiendo a aquel 25% de cubanos pobres, todos los cubanos nos quedamos sin poder escoger nuestros alimentos. Nos quedamos sin vidrieras. Nos quedamos con el sueño de lo que podía haber sido y nunca fue. Hoy el 90% de la población cubana es pobre de solemnidad; mientras tanto, la crápula que nos desgobierna le echa la culpa al imperialismo.

Por nuestras avenidas, llenas de baches, pasean nuestros harapientos ciudadanos de aspecto muy desagradable. Blancos, negros y mulatos. Continúan dando rodeos para evitar a la policía que los persigue con saña para robarle los productos que intentan vender en el mercado negro; única forma que tienen de sobrevivir.

Esto lo he visto con mis propios ojos. Nadie me lo ha contado. Cuando el 1 de enero de 1959, tenía 8 años. Hasta ese momento pertenecía al 75% antes mencionado. A partir de ese día pasé a formar parte (poco a poco) del 90% actual. ¡Si lo sabré! Y, que conste, no me refugié detrás de una guitarra. Que lo podía haber hecho. Vestí uniforme verde olivo y cuando aun Carlota no había resucitado, en forma de maniobra "internacionalista", yo estaba dando tumbos por el África ardiente.

En 1968, en la esquina de la Secundaria Básica "Enrique Maza", había una pequeña cafetería, donde podíamos comprar batidos de plátano o papaya (fruta bomba), croquetas. Después de la llamada "Ofensiva Revolucionaria", se acabó literalmente hasta el pan de piquitos.

Es imposible negar que en la Cuba democrática de los primeros 50 años del Siglo XX existiera el juego y la prostitución. Tan al principio, como en 1913, asesinaron a mi tío abuelo (siendo Jefe de la policía de La Habana), precisamente por cerrar casinos y bayuses. Hoy, el archipiélago cubano es un bayú gigantesco, al servicio del turismo europeo, digo, internacional.

Imposible negar la presencia, en Cuba, de los marines norteamericanos haciendo y deshaciendo a sus anchas, ni tampoco negar las tres famosas carboneras IMPUESTAS, de las cuales (para vergüenza nuestra) solo una queda: Guantánamo. Tampoco es posible esconder las tres bases de cohetes nucleares soviéticas, **SIN**

CONSULTAR AL PUEBLO DE CUBA, y mucho menos la Base de Lourdes, que duró hasta hace bien poco; la que servía para espiar al "enemigo imperialista". Tengo la impresión que todavía funciona. Por cierto, los "bolos" son más borrachos y juerguistas que los yanquis.

Eso era Cuba, antes: Las calles de Centro Habana asfaltadas y los edificios en pie. No como hoy, ejemplo fehaciente de los estragos de una bomba de 50 fidelones de potencia.

¿Cómo pudimos llegar a semejante deterioro?

Aplicando el igualitarismo absurdo y ridículo. Echarle la culpa al imperialismo es imitar al avestruz. No quiero que regresen ni los marines, ni los escuadrones de pilotos soviéticos.

Estoy de acuerdo en superar los errores, en desterrar para siempre la dictadura y el totalitarismo y construir una democracia con un sistema de libre mercado eficiente, que se garantice a si misma.

Ya hace varios años que renuncié y reniego de toda la propaganda totalitaria en relación a las llamadas "conquistas" del régimen de los hermanos Castro Ruz. Necesitamos dignidad, salud, soberanía, educación, cultura y una vejez honorable para todos y no lo que tenemos hoy, bajo la bota opresora de un puñado de vejetes inmorales e insoportables.

Si me dieran a escoger, preferiría la Cuba de antes, a la de ahora. Preferiría aquella "miseria de la abundancia" a la actual "miseria de la escasez". Preferiría aquella falsedad de partidos políticos, a la ignominia de ser desgobernados aristocráticamente. Preferiría la aplicación de los Derechos Humanos sin falacias y la Constitución de 1940 a la de Blas Roca.

Fui educado por mis padres e instruido, en parte, por los preceptos de la dictadura totalitaria. Hoy, como refugiado político, en "la culta Europa", comparo y emito comentarios, criterios y opiniones que tuve que callar durante 44 años. Por cierto, nadie me fuerza a ello, ni me paga. Lo hago desde mi más absoluta voluntad y cuenta propia.

El embargo económico no es el culpable del bloqueo interno.

La existencia del embargo, unido al chauvinismo galopante del régimen de oprobio, solo sirve de cortina de humo, detrás de la cual se refugian los hermanos dictadores. Por eso y porque es una aberración del sistema de libre mercado, **considero que es imprescindible su abolición.**

Nada tengo que ver con los que alguna vez llegaron a ser "algo" gracias a la benevolencia de los hermanos dictadores. Menos tengo que ver con trovadores "revolucionarios" arrepentidos y acomodados. Esos, los conversos, convertidos (a la fuerza) en diputados de una asamblea de corderos.

Aun menos tengo que ver con aquel que era tan gusano que estuvo en la UMAP para degenerarse digo, regenerarse.

A esos, solo les deseo que se los lleve un rabo de nube o que una luz cegadora los borre de pronto.

domingo, 26 de septiembre de 2010

Fidel Castro, las elecciones parlamentarias en Venezuela y la profecía del fracaso de Chávez

Nadie pone en duda que mañana sea un día importante para la democracia venezolana, pero ya el sempiterno pesimista de Fidel Castro se encuentra poniendo el parche (del mal estado del tiempo) antes de que salga el grano.

Con su eterna cantaleta de que las lluvias afectan a los pobres más que a nadie, pretende exhortar a unas masas descreídas, con aquello de que si el acceso a los barrios es difícil, que si las aguas invaden sus hogares, que si no tienen transporte...

Dice, además, que por las causas antes mencionadas y no ser estas unas elecciones presidencialistas, la población le resta importancia y se moviliza poco.

Dice más: Desde su dictadura cincuentenaria, dice que

en estas elecciones las masas no tienen nada que ganar o perder. Demostrando que a él, la democracia, donde los 165 parlamentarios verdaderamente ejercen su mandato (no como en el mono-parlamento de su régimen) le importa un pepino.

Fidel Castro pretende, desde la distancia, persuadir a los, cada día menos, simpatizantes del régimen pre-dictatorial de Hugo Chávez. El caos económico y social creado por el chavismo en menos de lo que canta un gallo, pasa la factura.

Se desdice Fidel Castro cuando aplicando la filosofía de la "negación de la negación" profiere que no pretende poner de ejemplo su experiencia de 50 años desgobernando un país. Mejor que no lo haga.

Le pide abiertamente y sin tapujos, al pueblo de Venezuela, que acuda a las urnas, llueva, truene o relampaguee.

¿Tienen o no importancia las elecciones parlamentarias?

¿En qué quedamos Fidel Castro?

Si, **"las masas no tienen nada que ganar o perder"** en estas elecciones:

¿Para qué tanto interés en que voten?

¡Ah! Se trata de que la importancia no reside en la

democracia. La importancia de unas elecciones internas en Venezuela radica en que el imperio (debe ser el imperio yanqui) "inmiscuyéndose" en las elecciones limíte la capacidad destructiva del régimen neo feudal que intenta imponer Chávez al pueblo venezolano.

¿A cual revolución se refiere Fidel Castro?

En Venezuela no hay ninguna revolución. En Venezuela todavía existe un sistema democrático de mercado libre.

¿Es eso lo que pretenden destruir?

¿Acabar con lo que queda de democracia?

Otra de las artimañas que utiliza Fidel Castro, utilizando el nacionalismo barato que le caracteriza en su pésimo alegato, es infundir el miedo a la agresión exterior y hasta se atreve a mencionar el peligro del narcotráfico, como si él tuviera las manos limpias en ese sentido. Los cubanos llevamos 50 años venciendo los obstáculos y rectificando los errores creados por Fidel Castro.

Si yo fuera venezolano, aunque el sol y los rayos de Bolívar rajaran las piedras, aunque lloviera a cántaros, iría a votar para convertir el 26 de septiembre en el inicio del fin del desastre chavista.

lunes, 4 de octubre de 2010

¿Cuentapropismo o política de choque?

La caída del campo socialista, a finales de la década de los 80, y luego de La Unión Soviética (principios de los 90) trajo como consecuencia una serie de medidas, al decir de Fidel Castro «porque no teníamos otra alternativa», que llevaron al "máximo líder" a tomar una serie de medidas económicas, que condujeron entre otras cosas a la liberalización de la circulación del dólar en nuestro país y a la liberalización de los trabajos particulares.

La libre circulación del dólar era una consecuencia directa de la necesidad de recaudar divisas.

En un artículo, aparecido el 24 de septiembre del 2010, en el diario "Abuelita" (del inglés granma, órgano oficial del desgobierno), la "periodista" Leticia Martínez Hernández dice que el trabajo por cuenta propia es "mucho más que una alternativa".

Lo primero que me llama la atención del referido artículo es el tratamiento de General de Ejército a Raúl Castro, cuando se trata de una cuestión competente al Presidente del Consejo de Estado y de Ministros. De esta forma y, sin lugar a dudas, la "periodista" nos deja claro, desde el comienzo del artículo, que se trata de un Estado de ordeno y mando.

Pasados casi 20 años, ya no se trata de que "no tenían otra alternativa". Ahora resulta, que es "una alternativa más de empleo". Vamos, que solamente pretenden cambiarle el collar al perro. Y recuerdo: Hace 20 años, se trataba solamente de 250 mil trabajadores. Hoy se trata de 1 millón 500 mil.

También debemos recordar que a partir del año 2003 (en 1993 fue cuando por primera vez se otorgaron licencias para trabajar por cuenta propia), comenzaron a prohibirse las licencias otorgadas 10 años antes. Talmente parecía que habían encontrado una "alternativa" en el "generoso" desgobierno venezolano.

En 1993 también se publicó en el diario "Abuelita" que se arrendarían a los "cuentapropistas" diferentes tiendas y almacenes que permanecían cerrados desde tiempos inmemoriales. Jamás se llevó a efecto. Nunca autorizaron la contratación de fuerza de trabajo, pero existía un subterfugio legal que permitía que, personas que convivieran en la misma casa (aunque no fuesen parientes), trabajaran en el negocio al cual le había sido otorgada la licencia. De esa forma, un cocinero cuya familia vivía en un barrio (y casa) determinados, trasladase su registro civil de población para otro barrio (y casa). Todo este lío burocrático, con el único fin de trabajar.

El segundo párrafo me sorprendió sobremanera. No entendía que la "periodista" utilizara un "desde entonces", para referirse a un "anuncio" de hacía menos de dos meses, para inmediatamente decir que "muchos" habían quedado a la espera de una solución que no fuera improvisada ni efímera.

Lo peor vendría en la segunda parte del párrafo: "...el Estado se **sacuda** una "buena" parte de la carga de "subsidios excesivos"..." "...que durante años asumió a pesar de la difícil coyuntura económica".

Es necesario aclarar, para aquellos que desconocen la realidad cubana, que el desgobierno no asumió, los referidos "excesivos subsidios", los impuso por decreto y sin que nadie se lo pidiera.

El 13 de marzo de 1968, Fidel Castro pronunció un discurso, que según sus propias palabras resultaría aburrido **"debido a la necesidad de enumerar una serie de datos al objeto de poder demostrar lo que nos proponemos".**

Fidel Castro se quejaba en aquel discurso de que la opinión pública de la ciudad de La Habana era un tanto voluble y requería, con cierta frecuencia, que él asistiera a la televisión a explicar algún problema o algún escándalo. Ya estaba pensando (nunca lo ha hecho) en dejar de rendir cuentas al pueblo. **Lo de rendir cuentas.**

En aquel discurso Fidel Castro se refirió a la supresión de la cuota de leche a la población adulta de la ciudad de La Habana. La libreta de abastecimiento comenzaba a deteriorarse. Decía, que andaba corriendo una "bola" de que los huevos (de gallina; que hasta ese momento no estaban racionados), al igual que el pan, se racionarían.

La bola resultó ser cierta, aunque él la desmentía descaradamente. Se refería también al racionamiento de la gasolina.

Como preámbulo a los planteamientos que iba a formular dijo:

"...en nuestro pueblo perduran instituciones, ideas, vínculos y privilegios realmente burgueses". "...han subsistido instituciones mucho más allá del tiempo debido, privilegios mucho más allá del tiempo debido".

En este discurso se engendraba la catastrófica idea de la zafra azucarera de diez millones de toneladas y el aun más desastroso "cordón de La Habana".

Después de citar todos los servicios sociales que, hasta ese momento, brindaba el desgobierno dijo: *"...no debemos perder oportunidad ni dejar pasar la hora ni el momento de radicalizar cada vez más a esta*

Revolución..." "Subsiste todavía una verdadera nata de privilegiados, que medra del trabajo de los demás y vive considerablemente mejor que los demás, viendo trabajar a los demás. Holgazanes, en perfectas condiciones físicas, que montan un timbiriche, un negocito cualquiera, para ganar 50 pesos todos los días, violando la ley y violando la higiene, violándolo todo, mientras ven pasar los camiones de mujeres a trabajar al Cordón de La Habana o a recoger tomates en Güines o en cualquier parte". "Veamos por ejemplo cosas increíbles, que solo cuando se analizan a fondo se descubren en toda su profundidad. Por ejemplo, en La Habana quedan, en esta capital de la República, ganando dinero a troche y moche, consumiendo de todo, 955 bares privados. Y ciertamente, bares, mientras menos queden, privados o públicos, mejor".

"Bajo la orientación del Partido se ordenó efectuar una serie de investigaciones y análisis estadísticos del material recopilado por los distintos compañeros, a fin de poseer un conocimiento más concreto sobre el problema y abordar soluciones que tengan presente el carácter social y económico de nuestra Revolución".

*"Para este estudio los militantes realizaron todo tipo de investigaciones, cooperando con ellos los compañeros del frente de Vigilancia de los CDR. **Estos estudios, debido a los métodos utilizados, no podríamos***

conceptuarlos como una verdadera muestra estadística que nos represente fielmente el universo, pero es indudable que su contenido será provechoso para una comprensión de la magnitud del problema, que podrá guiar a acciones futuras".

"Entrada bruta y ganancia. El 16% tiene una entrada diaria al menos de 50 pesos (10, 25, 30). El 43 % tiene una entrada de 50 a 99 pesos diarios, y el 41% más de 100 pesos" —y algunos más de 200 pesos diarios. Las entradas brutas.

"Ganancias. El 55% una ganancia de menos de 25; el 13%, 25 a 49 pesos diarios; y el 32% más de 50 diarios; 50, 100, 150 y hasta 300..."

"Una investigación en general sobre los comercios privados de La Habana".

"Resultado de las investigaciones del Partido".

"Legalidad. De los 6 452 comercios privados encuestados en La Habana Metropolitana, 1 819 carecían de autorización legal para su operación. Esta cifra representa el 28,2% del total de comercios" —es decir que casi la tercera parte de estos comercios eran ilegales".

"Los regionales de Boyeros y Plaza de la Revolución fueron los que mayor porcentaje de ilegalidad *presentaron: 41% en Boyeros, 38% en Plaza. El más bajo porcentaje corresponde a Centro Habana, donde solo el 20% de los comercios privados carecían de documentación legal".*

¿Vamos a hacer socialismo o vamos a hacer timbiriches? (RISAS) No se trata ni siquiera de la incidencia económica, a pesar de los evidentes resultados de todos estos negocios".

"¿Hay algún timbiriche por ahí? ¿Lo van a entregar...?" "El sector privado vende, a través de las bodegas privadas, 77 millones de pesos, de un total de 248 961 703".

"Realmente se ha hecho un estudio de todo el país. Nosotros hablábamos de este problema cuando el 26 de julio y velamos cómo ese tipo de negocio aumentaba, cómo crecía año por año, cómo crecía la cantidad de ingresos y de ganancias, el número de gente que abandonaba un tipo de trabajo productivo para irse a buscar ese tipo de negocio..."

*"**¡Señores, no se hizo una revolución aquí para establecer el derecho al comercio! Esa** revolución ya la **hicieron en 1789, fue la época de la revolución burguesa —el que más y el que menos leyó algo de eso—, fue la revolución de los comerciantes, de los burgueses.** ¿Cuándo acabarán de entender que esta es*

la Revolución de los socialistas, que esta es la Revolución de los comunistas? (APLAUSOS) ¿Cuándo acabarán de entender que nadie derramó aquí su sangre luchando contra la tiranía, contra mercenarios, contra bandidos, para establecer el derecho a que nadie ganara, vendiendo ron, 200 pesos, o 50 pesos vendiendo huevos fritos o tortillas...?

"Mientras subsista el privilegio, aferrados al privilegio hasta el último día, y el último día está próximo, ¡el último día está próximo! De manera clara y terminante debemos decir que nos proponemos eliminar toda manifestación de comercio privado, de manera clara y terminante. **A quien pueda trabajar le daremos trabajo y a quien no pueda trabajar le daremos lo que necesite, porque aquí no se le niega a nadie el sustento.** ¡A cuántas decenas de miles de personas la Revolución, cuantas veces se nos solicita, las ha ayudado, y las ayuda no como una concesión sino como un deber de la Revolución! Se ha planteado que hoy nadie tiene razón para estar desamparado, ¡nadie! Todo el mundo tiene derecho a que se le ayude, se le dé un trabajo y si no le podemos dar un trabajo, le damos una ayuda al que no le podemos dar un trabajo. **Esperamos ir encontrando cada vez más trabajo para todo el mundo, el trabajo es lo que a la larga se sobrará y solo con trabajo ganaremos la batalla del subdesarrollo**".

"De todas maneras hay que decir con toda claridad —y está de más que la Revolución no anda deseosa de andarse buscando enemigos gratuitos, pero tampoco puede andar con temor a buscarse los enemigos que sean necesarios—, **hay que decir que no tendrán porvenir en este país ni el comercio ni el trabajo por cuenta propia ni la industria privada ni nada".** *"Porque el que trabaja por cuenta propia que pague entonces el hospital, la escuela, lo pague todo, ¡y lo pague caro!"*

La medida del trabajo por cuenta propia es una decisión que toma el desgobierno, debido a que ya no le funciona ni la alternativa de la "ayuda" venezolana. Cincuenta años de despilfarro han dado al traste con la productividad y la eficiencia. No se trata de brindarle al trabajador una forma de sentirse útil. Se trata de aplicar la política de «sálvese el que pueda».

Por supuesto, se trata también de aparentar alejarse de las concepciones que condenaron al trabajo por cuenta propia y aparentar exonerar a los que fueran estigmatizados en los años 90, cuando se vieron compulsados (por el propio desgobierno) a incorporarse a ese tipo de trabajo.

domingo, 17 de octubre de 2010

Fidel Castro, su régimen y el descalabro

Los que pretenden (consejo de ancianos) que el sistema dictatorial totalitario neo feudal se mantenga en Cuba están preocupadísimos.

Es de tontos comprobar como los neo-feudalistas utilizan nuevamente el, no por gastado, inútil enroque largo de la inflación de plantillas y su desempleo obligatorio. De esta forma intentan hacer creer (al extranjero destinatario) que en un período de dos años, pasarán un millón y medio de cubanos a desempeñar trabajos por cuenta propia.

Cubanos desfasados (demasiado tiempo fuera de Cuba), se atreven a decir que la "restauración capitalista" va en serio. Otros se refieren a la desarticulación del socialismo. Algunos diarios españoles dicen "soluciones capitalistas", "capitalismo de estado" y otra serie de sandeces parecidas. Aquellos que claman por cambios se dejan confundir cándidamente por un atajo de vejetes mal intencionados.

El modelo jamás ha funcionado. El sistema dictatorial totalitario neo feudal no admite modificación o perfección alguna. Menos aun adecuarse a la época. La reducción de empleos públicos ya se probó en la década de los años 80, de donde surgieron "los bandidos de río frío" y "los tecnócratas de la JUCEPLAN". En los 80, en plena efervescencia de la URSS y demás países del campo socialista.

En aquel entonces Fidel Castro habló (ahora escribe más que habla) de que "ahora sí que vamos a construir el socialismo", creando el desasosiego en todos los que le seguíamos a fe ciega.

A principios de la siguiente década (de los 90) mandaron para la calle a 250 mil personas en edad laboral, abriendo (para las mismas) infinidad de posibilidades de trabajo como "cuentapropistas". Jamás llegaron a crear las tiendas de ventas mayoristas anunciadas, que proporcionaran las materias primas necesarias para dicha actividad. Eso sí: Los gravaron con impuestos estranguladores y nunca permitieron que los "cuentapropistas" se sindicalizaran. Ni ellos, ni aquellos que laboraban para extranjeros, contratados por una agencia empleadora del desgobierno.

En el año 2003, luego de una serie de problemas, **surgidos del apoyo de "los cuentapropistas" a los delegados del Poder Popular**, Fidel Castro decidió comenzar lentamente a prohibir las licencias a "cuentapropistas", mientras desataba una ola represiva contra aquellos que trabajaban legalmente en lugar de controlar a los que ejercían el mismo trabajo de forma ilegal.

La ola represiva dio lugar al incremento de nuevos balseros intentando alcanzar las costas floridanas y a intentos de nuevos secuestros de embarcaciones. El fusilamiento, tras un juicio sumarísimo, de tres soldados que intentaron secuestrar un barco y la detención masiva de 75 disidentes pacíficos fue el colofón.

Había llegado la "alternativa chavista". Fidel Castro había despenalizado la circulación del dólar norteamericano en Cuba y la creación del "cuentapropismo" por no existir otra "alternativa".

El "cambio" actual, es totalmente una falsedad más, de esas a las que no nos acostumbramos y en las que algunos quieren creer. Como quieren creer que el sistema dictatorial totalitario y neo feudal es el parangón de la justicia social y la independencia nacional. Probado está (50 años) que es un freno al desarrollo, debido al bloqueo interno que provoca.

Los "pobrecitos cubanos", que no tienen acceso a la "estrategia mediática extranjera", se preparan para sacar tajada del "nuevo (viejo) invento" del vejestorio en el poder. La experiencia de procesos similares de pasadas décadas les hace suponer que se avecinan tiempos difíciles, durante los cuales solo aquellos que muestren mayor iniciativa y tengan ayuda externa, lograrán   mejores   dividendos.

Pero no nos olvidemos de aquellos que internamente han cosechado una fortuna nada despreciable y se encuentran dispuestos a una nueva aventura. Solo faltaría que esta vez el desgobierno se atreviera a ir un poco más lejos que las veces anteriores.

lunes, 18 de octubre de 2010

Las deudas del cubano común

El último negocio de Fidel Castro

Está ocurriendo, está sucediendo. El régimen no logra recaudar el dinero, correspondiente a los equipos electrodomésticos, vendidos por el desgobierno a la población en moneda libremente convertible (que no es la moneda en que se le paga al trabajador).

Alrededor de 322 mil trabajadores se encuentran endeudados y sin forma aparente de solventar sus problemas para con la satrapía.

El monto asciende a más de 500 millones de pesos

nacionales, que al cambio, en las "famosas" CADECAs vienen siendo unos 20 millones de dólares, entre arroceras, televisores, refrigeradores, aires acondicionados y otros equipos electrodomésticos, que como una «magnánima» ocurrencia del "máximo líder", aprovechando la "generosa ayuda" venezolana, fueran vendidos a la población mediante prestamos del Banco Nacional.

¿Dónde están esos 500 millones? Es fácil saberlo. En la casa de cada cubano que recibió el préstamo del banco. Lo que resulta inaceptable es que pasado el tiempo y desmejorado el sistema económico venezolano (y por ende la "ayuda" a su barbudo socio), el desgobierno se atreva a catalogar de ingrata a la población. Por no haber saldado la deuda.

Cuando, en un país normal, un banco no logra cobrar la deuda (más el interés), acude a los tribunales. El tribunal decidirá que hacer en cada caso. Muchas veces son las personas (naturales o jurídicas), las que teniendo sus cuentas al día, hacen entrega de la propiedad (aun no pagada en su totalidad) al banco (o a las casas financieras).
Este no es el caso cubano. Son más de un cuarto de millón de personas en estas condiciones.

En el momento de redactar éste artículo se prevé el despido masivo de al menos (en una primera etapa) de más de 500 mil trabajadores que pasarán a desempeñar trabajos por cuenta propia.

¿Alguien en su sano juicio puede pensar en pagar? ¿Por qué se atreven a llamar insensible a mi pueblo? Insensible e ingrato es el régimen que lo mantiene sumido en afrentas y oprobio.

Efectivamente, la deuda, del ciudadano común, es una herida autoprovocada en el vientre de la nación cubana por el desgobierno de Fidel Castro.

No hay que ser especialista para comprender que va a ser imposible, para el desgobierno, cobrar ese dinero. Lo que es totalmente inaceptable es la velada amenaza de que ese dinero es vital para enfrentar urgencias. Primero tendría, el desgobierno, que rendir cuentas al pueblo, de los despilfarros cincuentenarios en que ha incurrido.

No es necesario hurgar mucho. El fondo de la cuestión es administrativo y el único responsable es el desgobierno, que sabe perfectamente que con un salario promedio mensual de 400 pesos nacionales es imposible hacerle frente a una deuda tan grande. Podrá ir vivienda por vivienda. ¡Ojala lo haga!

¿Tendrán acaso los testículos de expropiar los artículos que tan cándidamente el ex Comandante en Jefe autorizó a venderle a la población, en un momento de

aparente bonanza económica, a un cuarto de millón de personas,?

lunes, 25 de octubre de 2010

Salir de Cuba, como de cualquier otro país del mundo

El argumento utilizado por los defensores del sistema dictatorial totalitario neo feudal de los hermanos Castro Ruz, en relación a la posibilidad de los cubanos de viajar libremente es, que existe una falta "absoluta" de información sobre las leyes y reglas que rigen el sistema impuesto por los hermanos dictadores.

No es que sea imposible salir del país. La inexistencia de un sistema democrático y el fracaso del modelo mal llamado socialista, en Cuba, es la causa fundamental del descontento generalizado.

La dictadura neo feudal no prohíbe por decreto salir del país. Es algo mucho más sutil que eso. Se trata de que el acceso a la información se encuentra compartimentada por razones que convienen tanto a la parte que le corresponde al desgobierno cubano, como a la parte que le corresponde a otros gobiernos.

Lo cierto es que el único impedimento verdadero, es el descalabro de la economía del país.

Al estar totalmente devaluada la moneda nacional, el desgobierno no puede hacer frente a la solicitud, del ciudadano común que pretende cambiar la moneda nacional por divisas convertibles.

Desde el momento que en Cuba no existe un sistema de mercado libre, aunque desde 1994 algunas pequeñas empresas han subsistido el rigor de impuestos y persecuciones de carácter político, todos los ciudadanos cubanos son dependientes (económicamente) del desgobierno.

Hace unos años, hasta el día que nuevamente prohibieron la libre circulación del dólar norteamericano, e inventaron una moneda más, a las varias existentes, el cubano común podía demostrar hipotéticamente (si tenía una licencia de trabajo por cuenta propia) que podía hacer frente al costo del pasaje de ida y vuelta y la estancia en el país o países que pretendía visitar.

A partir de la entrada en vigor de la moneda llamada CUC la situación ha cambiado. En estos momentos, es nuevamente, el desgobierno, el que decide si cambia o no los CUC en moneda libremente convertible. De esta forma el desgobierno ha cercenado, al cubano común, la única posibilidad de viajar por medios propios, a la vez que ha recrudecido la represión.

Pero la verdadera limitación del cubano común no era, en ese entonces (desde 1994 hasta el 2004) por parte del desgobierno, sino de los gobiernos de los países que, el cubano común, pretendía visitar.

Por ejemplo: En mi caso particular, pretendía viajar a Portugal. Me presenté en la embajada portuguesa de la Ciudad de La Habana, como cualquier hijo de vecino, para solicitar una visa de turismo.

Me dijeron, muy amablemente, que los cubanos solo podíamos viajar al extranjero mediante una carta de invitación. Alegué que podía demostrar mi solvencia económica, debido a tener una licencia del desgobierno cubano para el alquiler de mi vivienda a ciudadanos extranjeros, pero no resultó.

Debido al temor de que los cubanos pretendan emigrar una vez fuera de Cuba y establecerse en el país de su elección, el gobierno portugués, al igual que el resto de los países que componen la Unión Europea (UE), no otorgan visados de turismo a los nacionales cubanos.

Una carta de invitación, de un ciudadano de la UE, además de la amistad implícita que requiere, viene acompañada de una serie de trámites legales, los cuales la hacen prácticamente imposible.

Para empezar, el ciudadano (en éste caso portugués) que emite la carta de invitación, ante notario público, (comienza el desembolso de dinero) tiene la obligación de acompañar a dicha carta de invitación, un atestado (también cuesta dinero) en el cual debe referir una cuenta bancaria de varias cifras, con el marcado propósito de hacer frente a cualquier eventualidad que pueda presentar el cubano común durante su estancia en el país al que ha sido invitado.

Si a esto le agregamos que la caducidad de los referidos documentos es de tres meses y los trámites del organismo de inmigración y extranjería del régimen totalitario demoran más o menos el mismo tiempo, se puede dar la posibilidad de que las referidas cartas y atestados, así como el pretendido visado hayan caducado antes de emprender el viaje.

Entonces, sí que existe una fuerte limitación, traducida en una componenda (despropositada) entre la dictadura totalitaria y casi todos los gobiernos de los países de este mundo.

Existen uno o dos países cuyos gobiernos no precisan de tales documentos.

No se trata de un capricho, sino de una imposición

(solapada), sobre la cual, nadie hace mención.

lunes, 1 de noviembre de 2010

Memorias de Tarará

Resulta que hoy en día las únicas memorias de Tarará son la de Yoani Sánchez y sus "casonas particulares" para el disfrute de los hijos de obreros (ella no menciona a los hijos de los campesinos).

Relata Yoani que sobre un césped, de la ribera del río Tarará, formarían cinco grandes círculos, representativos de los cinco continentes. Ese mismo río, que no tiene más de 3 kilómetros de extensión y que si hoy presenta una anchura considerable no es por obra de la madre naturaleza, sino por los meses y tal vez años que fuera dragado a fin de construir una Marina digna del Yacht Club. Por cierto, los jardines que menciona Yoani se encuentran en las cercanías de la capitanía de la actual Marina. De ahí hasta el puente de la Vía Blanca es solo terraplén fangoso. A mi me tocó ser tararense antes del primero de enero de 1959.

Mis abuelos compraron una parcela de aquel reparto, propiedad de la familia norteamericana de apellido Webster.

El viejo Webster, a su vez (según me contaron Joseíto y Lucía, los padres de July) había comprado aquellos terrenos en una bagatela. Se trataba de unas cuantas caballerías de "diente de perro" impenetrable y totalmente insalubre, donde tal vez se hubiera dado, en la persona de Joseíto, uno de los últimos casos de paludismo del Siglo XX, en Cuba.

La casa, de mis abuelos fue construida en 1952. Situada en el número 33804 del camino 23 entre 8 y Santa Elena, estaba compuesta de dos plantas, carporche, jardín al frente y atrás. En la planta baja una sala amplia que incluía una barra, un sala más pequeña (al fondo) para la televisión y el radio tocadiscos. Al fondo y a la derecha el comedor. Se encontraba también un baño auxiliar (inodoro y lavamanos) para las visitas. Luego venía la cocina y el cuarto amplio para dos sirvientas, con su bañito apretado. Vamos, que cuando Clara, la manejadora de mi hermana, se bañaba, se mojaba el inodoro y el lavamanos.

La cocina se componía de una habitación muy amplia, que incluía una mesa para cuatro o seis personas (era extensible), un fogón de gas, de cuatro hornillas (horno incluido), un calentador de gas (con piloto), un fregadero amplísimo y alrededor de las paredes un sinnúmero de estantes donde colocar los enseres. Por supuesto, no podía faltar el refrigerador, que era del tamaño de una persona de estatura algo superior a la media. No tenía nevera congeladora. Mi familia no acostumbraba a congelar alimentos.

Dos o tres años después de terminada nuestra casa, en el lote contiguo (que hacía esquina y era más caro), construyeron su casa Joseíto y Lucía, donde por cierto me caí en la fosa (aun por terminar y como no podía salir pasé un gran susto). Tendría seis o siete años. Del otro lado del carporche, había una rampa donde cabían hasta tres automóviles. Vamos a ver: Entre la rampa del carporche y el carporche mismo cabían dos automóviles y en la rampa contigua tres. Sobraba espacio para el Buick 56 de mi abuela, el Ford 57 de papá y el "Henry J." de mi mamá, que en aquella época era un automóvil pequeñito.

La segunda planta de la casa se componía de dos alas. En el ala izquierda se encontraban dos cuartos (4 por 3 metros cuadrados), con baño intercalado. Uno de ellos correspondía a mi abuela y que solo era utilizado los fines de semana. El otro era mío y de mi hermana. Papá y mamá utilizaban el cuarto del ala derecha (5 por 4 metros), que tenía baño interior y una terraza (3 por 2 metros), desde la cual salté innúmeras veces hacia el jardín, por encima de un seto de crotos que quedaba directamente debajo.

El 99% de las casas eran lo que se llaman casas modestas de familias de clase media. Éramos pocos los residentes permanentes, entre los cuales se encontraba mi amigo de la infancia Fidelito Castro Díaz-Balart, con el cual compartíamos "guerras de almendras" y "fusilamientos" de fotografías del General Batista.

Fidelito Castro Díaz-Balart

Es cierto que había casas fastuosas, no lo niego. Una de ellas era la del depuesto presidente de la República Dr. Carlos Prío Socarrás.

Algunos seudo-historiadores, faltos de rigor, nos quieren hacer creer hoy, que Tarará era un suburbio de la Ciudad de La Habana, cuando en realidad era parte del Municipio de Guanabacoa.

La comunicación con la Gran Ciudad fue extremadamente penosa, aun con la utilización de la Vía Blanca, aun no terminada. Se bordeaba la bahía habanera, pasando por Guanabacoa, Luyanó, La Víbora, hasta la Ciudad Deportiva.

Recuerdo que ya fuese en en los Hermanos Maristas de la Víbora o, en el Colegio Baldor, siempre el pisicorre de Tacoronte o las guaguas de Baldor, nos llevaban y traían por ese trayecto dos veces por día. Hasta que en 1958 queda por fin terminado el Túnel de la Bahía.

Otro de mis recuerdos de la época era ver las prácticas de tiro del Ejército de Batista, contra los taludes ubicados en dirección a la costa, entre lo que se conoce como La Playa del Chivo y lo que actualmente constituye La Habana del Este.

Tarará llegó a tener, campo de softball, cancha de frontenis cubano (que no squash), bowling, autocine (con capacidad para 500 automóviles), bomba de gasolina, farmacia, Mínimax, central telefónica, iglesia, cuartel de la guardia rural y policía particular.

Portada de Tarará

<u>Nunca llegó a tener piscina</u>. De inicio tuvo hasta un pequeño cuartel de bomberos. La iglesia y la central telefónica se encontraban en la parte de debajo de la loma. A la parte de la loma le llamaban "La Siberia". Allí vivíamos nosotros. ¡Cuan lejos estábamos de pensar que muy pronto nos visitarían los siberianos!.

Tarará no era un pueblo, ni una villa, ni una aldea. Era un "Reparto Residencial", parcialmente urbanizado. Pocas de sus calles eran asfaltadas. La mayoría eran pedraplenes, que hacían insoportable pasear en bicicleta. No tenía alcantarillado. Las calles tenían alumbrado eléctrico. El agua era salobre.

Muchos de los trabajadores, en su mayoría procedentes

del pueblecito de Barreras, la bebían y nosotros (los muchachos le imitábamos). Jamás enfermamos por esa causa.

Tal vez por otras.

La incipiente televisión se captaba con deficiencia, siendo insoportable el paso de los aviones "Super G Constelation", aquellos de las tres colas, que lentos y pesados nos sobrevolaban, en su ruta a Miami y New York e impedían durante un inacabable espacio de tiempo, ver las aventuras de Rin Tin Tin.

Tarará era tan, pero tan cerrado, al público exterior, que para entrar había que pedir permiso a los residentes. No había robos.

Después del primero de enero de 1959 comenzaron a entrar, primero, personajes ajenos. Allí vi, en primera, persona a Camilo Cienfuegos y al Ernesto Guevara compartir bromas.

Como "consecuencia de su extraña dolencia asmática, Guevara se instaló en la casa del Dr. Carlos Prío Socarrás. Camilo era más... de pueblo.

La "casita" de Carlos Prío Socarrás, utilizada por Guevara

domingo, 7 de noviembre de 2010

Consecuencias del levantamiento del embargo norteamericano al desgobierno de los hermanos Castro Ruz

Cuando el gobierno norteamericano decida poner fin al embargo impuesto al régimen dictatorial, totalitario y neo feudal de los hermanos Castro Ruz, mucho habrá cambiado en mi país.

El nauseabundo y desprestigiado régimen tal vez no haya desaparecido del todo, pero se abrirá la puerta para que el pequeño y maltratado pueblo comience nuevamente a caminar el sendero de la democracia y del mercado libre.

El sufrido pueblo cubano habrá resistido la más larga de sus dictaduras y soportado la ruina económica provocada por el peor de los regímenes que haya conocido la humanidad.

El aberrante embargo no habrá logrado el ignorante objetivo de restarle apoyo interno a la dictadura, debido principalmente a que las dictaduras totalitarias no se ven afectadas por medidas de fuerza económica que provoquen la oclusión del mercado. Eso solo puede suceder en una economía de libre comercio.

Cuando la economía de un país es centralizada, las medidas comerciales solo afectan a un pueblo totalmente dependiente de la voluntad del desgobierno que les oprime.

En un país democrático y de mercado libre, un embargo comercial afecta directamente a la pequeña, mediana y gran empresa. En un país democrático y de mercado libre, el pueblo no trabaja (en su totalidad) para el gobierno. Solo un por ciento reducido de funcionarios públicos son dependientes del gobierno de turno. La mayoría de la nación trabaja por cuenta de terceros, o por cuenta propia.

En un país democrático y de mercado libre, las restricciones económicas harían fracasar la mayoría de las iniciativas comerciales y sobrevendría el caos y la caída inexorable del gobierno.

Eso no es factible en el caso de una dictadura totalitaria.

No es menos cierto que las restricciones económicas han hecho fracasar muchas iniciativas comerciales del régimen de los hermanos dictadores. Los hermanos también han despilfarrado millones en descabellados proyectos. Sobre todo en proyectos de exportación de insurgentes totalitarios en Asia, África y América Latina. Mientras tanto y durante más de 50 años, la crápula que desgobierna en mi país; ha vivido como aristócratas. Grandes mansiones, coches de lujo, aviones particulares, vacaciones en el extranjero y... muchas más.

En el mismo espacio de tiempo, la canasta básica del cubano común ha ido disminuyendo, sin que, el cubano común, pueda hacer otra cosa que aguantar callado. El cubano común es dependiente del desgobierno hasta para hacer sus necesidades fisiológicas.

Si dejaran de publicar el diario "Abuelita", el cubano común no tendría papel para limpiarse el trasero.

El régimen de los hermanos Castro Ruz pretende hacer creer (solamente a aquellos extranjeros que les siguen la rima) que Cuba no era independiente en 1959.

Pretenden hacer creer que Cuba, un país receptor de inmigrantes en las primeras décadas del pasado siglo, no tenía economía, ni desarrollo tecnológico y científico.

Cuba tenía un índice de analfabetismo de un 25% de su población (mayoritariamente de jamaicanos y haitianos que realizaban las labores de la zafra azucarera). Si comparamos éste índice de analfabetismo, en la misma época, con los de España y Portugal, nos sorprenderíamos.

La esperanza de vida en Cuba era de 65 años. Superior a

la de España y Portugal.

Cuba era independiente política y económicamente. Ya se había desembarazado de la oprobiosa Enmienda Platt; la Isla de Pinos (hoy de la Juventud) ya era reconocida oficialmente como parte integral de su territorio. Solo nos faltaba que nos devolvieran el territorio de la carbonera convertida en base naval e impuesta (como chantaje a la posibilidad de ser libres) luego de ganarle (Estados Unidos) la guerra a España en 1895.

No es que sea incierto que Cuba tuviera una cuota azucarera, de mutua conveniencia, en los Estados Unidos. Los excedentes de esa cuota se vendían en Europa. Pero no era nada obligatorio. Eran simples matemáticas. Debido a la distancia, entre Cuba y los E.U., o entre Cuba y Europa, era mucho más lucrativo vender a E.U., y mucho más si se tenía una cuota fija a precios acordados y negociables.

Soy de la opinión de que un embargo económico es una aberración del sistema de mercado. El sistema de mercado es negocio puro y duro. Negarse a negociar e imponer restricciones al comercio es contrario al sistema de mercado y, por ende, al sistema democrático. En fin, es un error que ha costado más de cincuenta años de dictadura totalitaria al pueblo de Cuba.

domingo, 28 de noviembre de 2010

Debate, en Alemania, sobre el régimen de los hermanos Castro Ruz

Acabo de ver un debate sobre el régimen de los hermanos dictadores totalitarios en un programa llamado Cuadriga, de la televisión alemana, del 7 de agosto del 2010.

En dicho debate participaron Omilia Soria, "periodista cubana", residente en Alemania (defensora, a ultranza del régimen neo feudalista), Harald Neuber, periodista alemán, colaborador de la agencia Prensa Latina (por ende colaborador del régimen totalitario) y Bernd Wulffen, ex embajador de Alemania ante el régimen totalitario, desde el 2001 al 2005. Los dos primeros testaferros defendieron (a capa y espada) al régimen totalitario. El ex embajador mantuvo una postura prácticamente neutral, no exenta de críticas.

Lo que no cabe en la cabeza de ningún neo feudalista, es que las personas invitadas al debate, pudieran expresar sus ideas abiertamente y sin restricción alguna. No pueden entender que, lo que en Cuba es el pan nuestro de cada día (la represión y la imposibilidad de expresar criterios y opiniones en público, que expresen disconformidad con el sistema), sea posible en cualquier país democrático. De ahí que algunos seudo periodistas vinculados al régimen totalitario, considerasen que el conductor del programa, el chileno Gonzalo Cáceres se sintiera incómodo. A mi no me pareció tal cosa.

Sencillamente, eran dos formas de ver y apreciar la situación. En ningún momento jugó el papel agresivo que tan perversamente le atribuyen.

No tiene discusión que el título del programa "Cuba: reformar o morir", es una verdad irrebatible. Lo único en que difiero del título es que en lugar de decir Cuba, debía haber dicho: "Régimen totalitario: Reformar o Morir", porque Cuba no muere con el régimen de los hermanos Castro Ruz.

Hasta el momento, lo único que ha ocurrido en mi país, son mini reformas y mucha propaganda política sobre reformas que aun no tienen lugar y, la deportación de presos de conciencia con mucha dosis de algarabía mediática por las partes involucradas.

No sé por cuantas "Mesas Retontas" va la cuenta. En ninguna de ellas se ha criticado al régimen que lleva más de 50 años explotando, oprimiendo y viviendo del sudor del pueblo cubano, a base de una patriotería barata.

Los argumentos expresados por la señora "periodista" y el ridículo periodista alemán, no fueron más allá de la propaganda del régimen totalitario. Ni una sola idea nueva. Parapetados junto a los "Comandantes en Jefe".

Hablaron de manipulación de la información en occidente. Sin embargo, ellos estaban accediendo a los medios. Esa oportunidad le está conculcada a cualquier ciudadano cubano, en su propio país.

Hagamos memoria: En los años 90, el régimen totalitario anunció la entrada en el "Período Especial". Debían haberle llamado "Período Especial II". Ya habíamos vivido algo semejante entre 1968 y 1974. Uno tras otro cayeron (a finales de los 80) los países del "campo socialista" y colapsado la URSS, los hermanos Castro Ruz quedaban colgados de la brocha y sin escalera.

Despenalizaron el dólar y abrieron las Tiendas de Recuperación de Divisas (TRD), al tiempo que quedaban en la calle (entre 1993 y 1995) 250 mil trabajadores que engrosaron el denigrantemente llamado "cuentapropismo".

Al decir de Fidel Castro, se tomaban estas medidas por no tener otra alternativa. Si la hubiera tenido, jamás el dólar hubiera circulado libremente, ni los cubanos tendrían acceso a las TRD y mucho menos abrirían las puertas al "cuentapropismo".

Una vez instalado Hugo Chávez en el poder (en

Venezuela) y firmados unos acuerdos económicos "salvadores", apareció la alternativa y comenzaron a prohibir el cuentapropismo, a la vez que regresaban los obreros a sus centros de trabajo habituales. El dólar subía paulatinamente de año en año. Si en 1998 el precio del barril era de 7 dólares, ya en el 2003 andaba por los treinta y tantos. En el 2008, solo una década más tarde alcanzaba la cifra de 150. Nuevamente los hermanos dictadores comenzaron a despilfarrar el dinero del pueblo cubano. Todo marchaba a pedir de boca, hasta que el precio comenzó a disminuir.

Con la disminución, también disminuyó la "generosidad" del candidato a dictador totalitario venezolano. Durante diez años se había dedicado a realizar convenios comerciales con diferentes países iberoamericanos, en los cuales prácticamente regalaba petróleo a cambio de adhesión a su patética "revolución". Solo por poner un ejemplo: El caso del cobarde y ridículo ex presidente de Honduras.

El lacayo de Prensa Latina, de apellido Neuber intentó confundir diciendo que la Canciller Angela Merkel representa una minoría del 36% del pueblo alemán y no por eso, al analizar los problemas económicos de Alemania, el régimen democrático Alemán va a abandonar la democracia y el mercado libre.

¡No se puede ser más estúpido! Alemania no es un país

en crisis. Y por cierto, la Merkel gobierna en coalición de partidos y en Alemania no existe el mono partidismo totalitario. Los partidos de la oposición critican al régimen abiertamente y sin tapujos.

La "periodista" inmigrante en Alemania no dejó de repetir, como cotorra amaestrada, que los disidentes deportados son mercenarios al servicio del imperialismo yanqui. Si fuera tan natural que el cubano común, al igual que sucede en otra partes del mundo civilizado, no solamente, no pensaran igual que sus gobernantes, sino que pudieran criticarlos abiertamente, el debate hubiera carecido de sentido.

Cáceres no confunde la realidad cubana. Si de verdad se aplican todas las medidas que ha anunciado el régimen de los hermanos Castro Ruz, el sistema dictatorial, totalitario y neo feudal imperante en mi país desparecerá más tarde que temprano. De eso no tengo la menor duda.

El resto del programa se fue por la tangente. Que si la RDA, que si la bota soviética, que si la revolución de los cubanos fue diferente... Lo que ninguno dijo, es que la revolución de los cubanos fue asesinada cuando los hermanos dictadores se aliaron, para nuestra desgracia, con un sistema totalmente ajeno a la democracia. Adoptaron un sistema económico feudal, a sabiendas de que no funcionaba. Sabían también que era la única forma (la de la represión) lo que los mantendría en el poder. El ejemplo de dictadores vitalicios (Stalin, Mao, Tito, Kim Il Sung) les venía como anillo al dedo.

Jugaron a la carta de la importancia geoestratégica, que les permitiría vivir del cuento y hasta mejorar, ficticiamente, el nivel de vida del pueblo cubano (en los 80), después de años (1967-1974) de carencias casi absolutas.

Por supuesto que no se puede comparar el sistema dictatorial, totalitario y neo feudal de los hermanos Castro con ninguno de los países ex socialistas y mucho menos con la URSS. Empezando, porque casi todos eran países con un nivel de desarrollo económico muy superior al de Cuba. Continuando, porque en lugar de ser sustentados por la URSS (como el caso del régimen de los hermanos Castro Ruz), los países ex socialistas eran vilmente saqueados por el sistema soviético.

Verdaderamente, es una paradoja, que se construyan en Cuba campos de golf y casas de lujo para ser vendidas a extranjeros, mientras que más del 70 % de las mejores tierras (en manos del desgobierno) se encuentren improductivas. Los que son verdaderamente malos, son los des-gobernantes de mi país.

Voy a cerrar este artículo diciendo, que en los "debates" televisivos (Mesa Retonta) no hay espacio alguno para las voces que se oponen al des-gobierno. No existe tan siquiera un caso excepcional.

lunes, 29 de noviembre de 2010

Comentarios, reflexiones, criterios y opiniones sobre un artículo de Patricia Grogg sobre "La Libreta de Abastecimiento"

La señora nació en Chile, pero "vive" en Cuba, donde se unió al equipo de IPS, en La Habana, en 1998. Trabajó como reportera, redactora y editora de misiones para la agencia del régimen de los hermanos Castro Ruz "Prensa Latina". También trabajó como periodista para la revista Cuba Internacional. Estudió periodismo en la Universidad de La Habana.

Se infiere, que Patricia Grogg ha vivido una cantidad de años en Cuba. Lo suficiente para poder calificarla como tergiversadora de la realidad cubana.

La Grogg califica la "libreta", como "cartilla de racionamiento".

Dice en su artículo: "La cartilla de racionamiento, que distribuye desde la década de los 60 una canasta básica de productos a precios subsidiados por el Estado a toda la población cubana de 11,2 millones, tiene sus días contados, aunque no todos llorarán su muerte por igual".

En el blog "Cuba en Sucesión", aparecen varios artículos explicando la diferencia existente entre una cartilla de racionamiento y una libreta de abastecimiento.

También explico el deterioro sufrido por la libreta de abastecimiento (impuesta al pueblo cubano desde 1962). En un inicio, abastecía para comer y para llevar. Hoy no alcanza para mal comer 10 días en el mes.

La Grogg es tan mentirosa, que se atreve a decir que la LA es importante para sectores vulnerables de la población, como es el caso de los jubilados. Lo que calla es que, si los jubilados vivieran en solitario, la pensión no le alcanzaría para pagar la factura del agua, la de la electricidad y los pocos productos que abastece (cuando lo hace) la LA.

Se impone una pregunta: ¿Cómo se las arreglan los cubanos para vivir con tan bajos salarios?

Hasta ahora los comedores obreros de los centros de trabajo proporcionaban un agónico alivio. Están despareciendo, o ya han desaparecido. Alivio producía también cualquier cosa que pudieran sustraer del centro de trabajo y luego revender en bolsa negra. Ejemplo: lápices, libretas, bolígrafos, piezas de repuesto, bonos de gasolina. En fin, cualquier cosa. Comienzan a desaparecer los puestos de trabajo. Puede considerarse otro alivio la "FE" de los cubanos. Pero no me refiero a una fe religiosa, sino a "Familiares en el Extranjero", que envían remesas de dinero (de las cuales el desgobierno se beneficia en un por ciento bastante alto e injustificado).

Otro alivio para las familias cubanas puede ser, el que uno o varios de sus miembros trabaje en el sector del turismo o en empresas mixtas, o mejor aun para empresas extranjeras. En todas estas reciben un plus en CUC.

El CUC es la última variante de las tantas monedas (más de 8) inventadas por el desgobierno, para desgracia del sufrido pueblo cubano.

Las gratuidades (lo explico en artículos anteriores), en una sociedad de régimen dictatorial totalitario neo feudal, las pagamos entre todos.

Eso de las subvenciones es otra de las tantas mentiras con las que nos han engañado toda la vida y pretenden continuar haciéndolo.

La LA resuelve poco y algunos consideran que es una

"seguridad" tener una cuota de arroz, azúcar, huevo, algo de aceite y "proteína" (aunque nunca sepamos cual) para los niños.

Si quitan la LA: ¿Habrá productos a precios subsidiados?

Cada vez que leo o escucho la palabra "alternativa" me gustaría estar en España. Al menos allí se utiliza en la tauromaquia. Pero es que el régimen de los hermanos Castro Ruz la utiliza para chantajear al pueblo. Raúl Castro, al igual que su hermano dijo hace más de una década: "…no queda más alternativa que aplicar las medidas necesarias para resolver los problemas de la economía…"

A buen entendedor, con pocas palabras… El día que encuentren una alternativa, todas las medidas aplicadas se van p'al carajo.

El proceso de consultas es obsoleto. Solo sirve para informarle a la población como se van a aplicar las medidas. Ya el cubano sabe (por experiencia) que no puede emitir criterios ni opiniones que lo puedan señalar como "posible" desafecto al régimen. Se arriesga a perder güiro, calabaza y miel. No solo él. Darle a la lengua puede afectar a todo el núcleo familiar.

Datos sobre el autor

Mario Riva Morales nació en La Habana el 24 de septiembre de 1950 en el seno de una familia de la pequeña burguesía habanera. Su padre, al igual que muchos de sus ascendientes, por la misma vía habían pertenecido al servicio exterior de su país desde comienzos de la República.

Como cualquier cubano, de su generación, sintió el "costillar de Rocinante" bajo sus talones y empuñó las armas con nuevos cantos de guerra y de victorias.

Su etapa de adolescente no se diferenció del resto de la juventud cubana después del triunfo revolucionario del año 1959. Deportista, cederista, joven comunista.

Viajó, con sus padres, conociendo países como Inglaterra, Bélgica, Holanda y España. Más tarde, siendo ya militar y piloto de helicópteros, visitó Checoslovaquia y la Unión Soviética.

Como piloto de helicópteros, participó en tres misiones internacionalistas. Como militar obtuvo el grado de Teniente Coronel y recibió, como reconocimiento a sus méritos personales, más de diez condecoraciones, otorgadas por el Consejo de Estado de la República de Cuba.

Obtuvo el título de "Master of Arts", en Ciencias Militares, al graduarse como cuadro de mando de la Academia Superior de Aviación "Yuri Gagarin" en la Unión Soviética, en el año 1983.

Se retiró del servicio militar activo en el mes de junio del año 1992.

www.ingramcontent.com/pod-product-compliance
Lightning Source LLC
Chambersburg PA
CBHW070750240726
48654CB00007B/30